KB184036

with
레고 스튜디오
피봇 애니메이터
파우더 토이

뚝딱뚝딱 상상력 꾸러미

놀이교육콘텐츠랩

마린북스

상상력 꾸러미
Contents

1
레고 스튜디오로 나만의 세상 꾸미기

Contents

Contents

3

신나는 과학 실험
파우더 토이

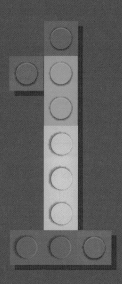

PART

레고 스튜디오로
나만의 세상 꾸미기

레고 스튜디오에서 제공하는 다양한 브릭을 활용해 상상하는 작품을 설계하여
3D로 만들고 꾸미면서 창의적인 아이디어를 자유롭게 표현해요.

01장 레고 스튜디오와 친해지기

레고 스튜디오는 다양한 모양의 블록을 무제한으로 제공하여 우리의 상상력을 펼칠 수 있도록 도와주는 프로그램이에요. 레고 스튜디오에서 제공하는 블록의 모양을 확인하고 사용 방법을 알아봐요.

학습목표

- 레고 스튜디오의 화면 구성을 이해할 수 있습니다.
- '브릭'을 [작업 공간]에 추가하여 색을 변경할 수 있습니다.
- '브릭'을 이용하여 내 이름을 표현할 수 있습니다.

완성파일 이름(완성).io

미리보기

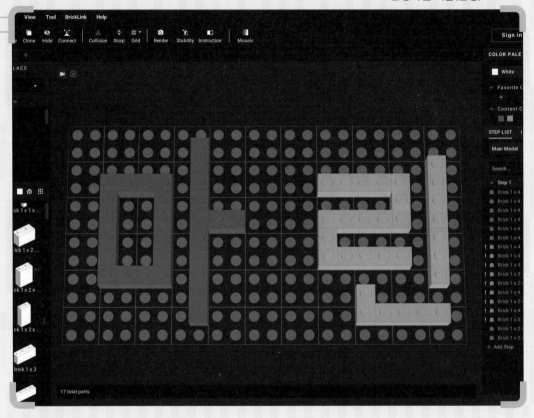

이런 기능을 활용해요

활용 기능	설명
[빌딩 팔레트]	[빌딩 팔레트]에서 마음에 드는 '브릭'을 찾아 사용할 수 있어요.
[컬러 팔레트]	[작업 공간]에 있는 '브릭'의 색을 변경할 수 있어요.
회전	키보드의 방향키를 눌러 '브릭'의 방향을 회전할 수 있어요.
[Clone]	'브릭'을 복제하여 [작업 공간]에 추가할 수 있어요.

 **레고 스튜디오 화면 구성 확인하기**

01 Studio 2.0 아이콘(◈)을 더블 클릭하여 레고 스튜디오를 실행해요. [studio] 창이 나타나면 새로운 파일을 만들기 위해 [Create new]를 클릭해요.

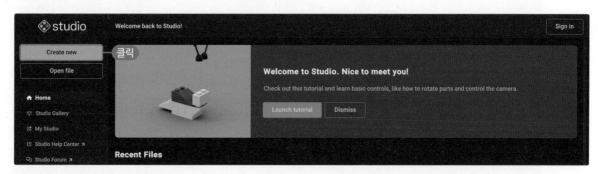

02 새 파일이 열리면 레고 스튜디오의 화면 구성을 확인해요.

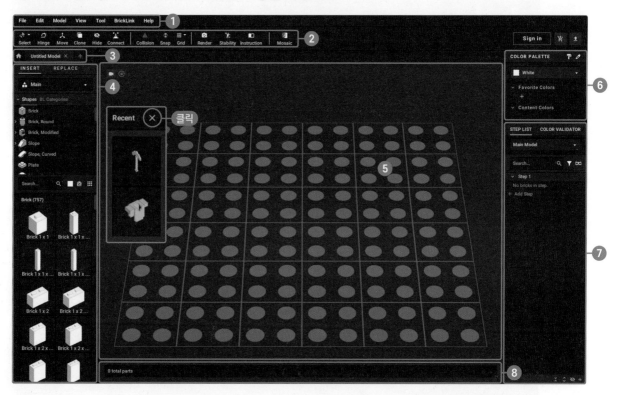

❶ **메뉴 모음** : 파일, 수정, 모델 등의 메뉴가 모여 있어요.

❷ **빌딩 도구** : 작업 시 자주 사용하는 선택, 경첩, 복사, 숨기기, 연결하기 등의 도구가 모여 있어요.

❸ **파일 탭** : 열려 있는 파일명을 확인할 수 있어요.

❹ **빌딩 팔레트** : 다양한 '레고 브릭'이 모여 있어요. 검색을 통해 '브릭'을 쉽게 찾을 수 있어요.

❺ **작업 공간** : '브릭'을 쌓아 나만의 레고 작품을 만들 수 있는 공간이에요.

❻ **컬러 팔레트** : '브릭'의 색깔을 변경할 수 있어요.

❼ **스텝 리스트** : 조립 과정에서 사용한 '브릭'의 종류와 색깔 등이 목록으로 기록되어 있어요.

❽ **상태 표시줄** : [작업 공간]에서 사용한 '브릭'의 종류와 개수를 확인할 수 있어요.

01 마우스 휠을 밀거나 당겨 [작업 공간]을 확대하거나 축소해 보세요.

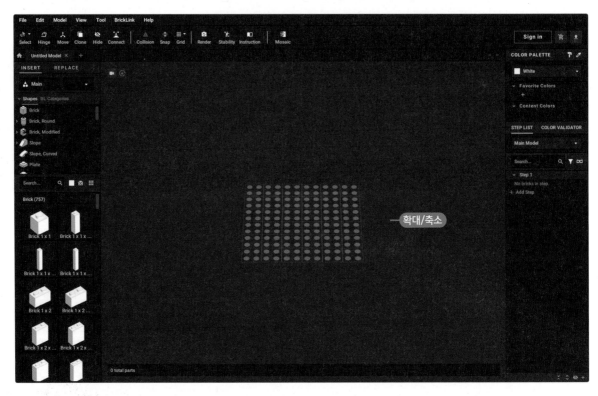

02 마우스 오른쪽 버튼을 누른 채 드래그하여 [작업 공간]을 회전시켜 보세요.

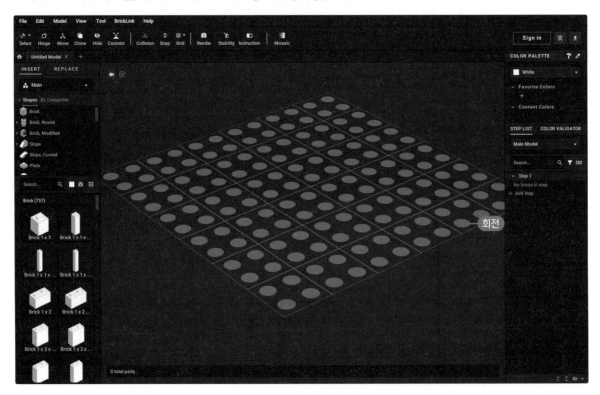

03 마우스 휠 버튼을 눌러 드래그하거나 Shift를 누른 채 드래그해 [작업 공간]을 이동시켜 보세요.

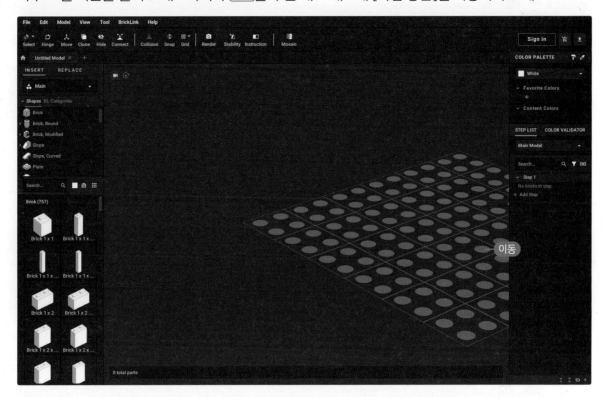

04 키보드에서 W, A, S, D를 눌러 [작업 공간]을 이동시켜 보세요.

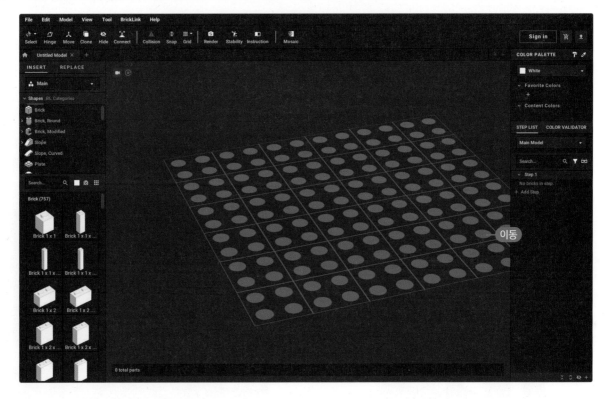

01 [빌딩 팔레트]에서 원하는 항목을 클릭하여 해당 목록에 모여 있는 다양한 '브릭'을 확인해 보세요.

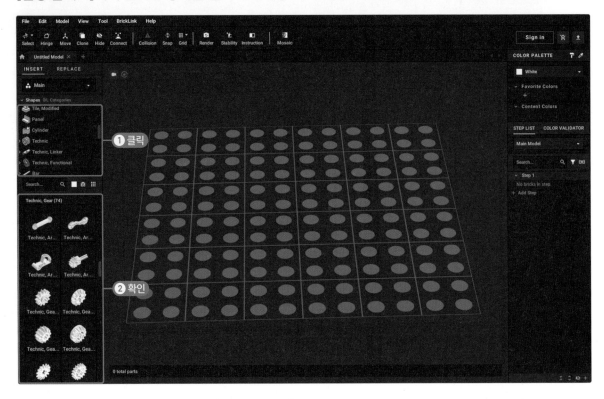

02 [빌딩 팔레트]에서 'Brick'를 클릭하고 'Brick 1 × 4(▨)'를 찾아 선택한 후 [작업 공간]에서 클릭하여 '브릭'을 추가해요.

03 [작업 공간]에 추가된 '브릭'을 선택한 후 [COLOR PALETTE]-[White]를 클릭하여 '브릭'의 색깔을 변경해요.

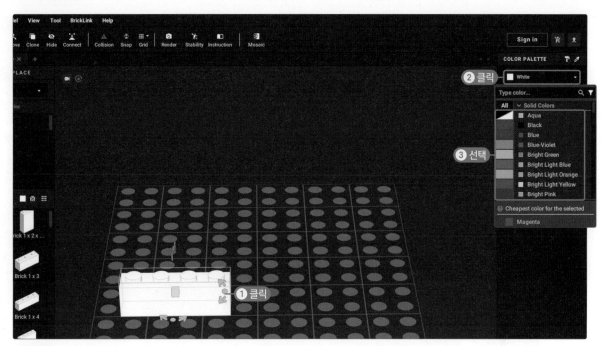

[컬러 팔레트]에서 단색을 선택하면 해당 색깔과 관련된 다양한 색깔이 나타나요.

04 '브릭'을 선택한 후 키보드의 오른쪽 방향키(→)를 눌러 '브릭'의 방향을 회전시켜 보세요.

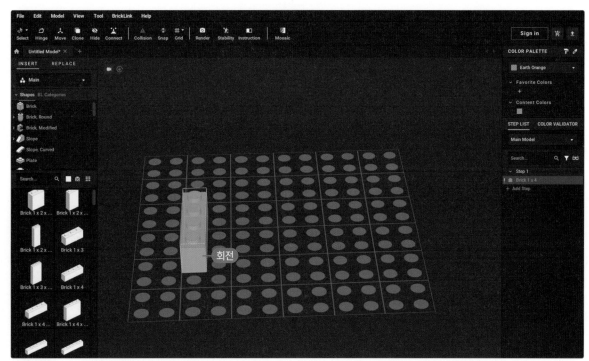

'브릭'에 나타난 화살표 기능
- 초록색 화살표 : Y축을 기준으로 '브릭'을 회전해요.
- 파란색 화살표 : Z축을 기준으로 '브릭'을 회전해요.
- 빨간색 화살표 : X축을 기준으로 '브릭'을 회전해요.

05 [빌딩 도구]에서 [Clone(■)]을 클릭하여 '브릭'을 복제한 후 [작업 공간]에서 '브릭'을 붙여넣을 곳을 클릭해요. [Clone] 기능을 종료하기 위해 Esc를 누르거나 마우스 오른쪽 버튼을 클릭해요.

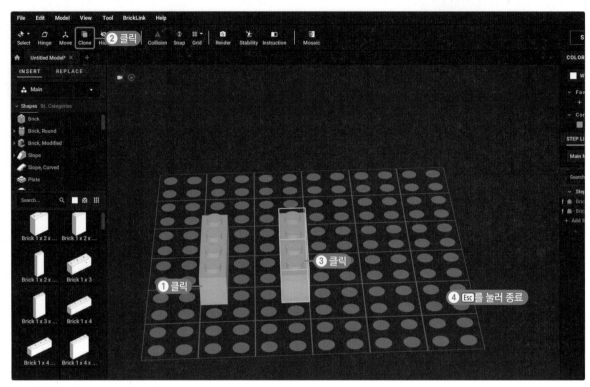

> **레고 TIP** '브릭'을 선택한 후 Delete를 누르면 '브릭'이 제거돼요.

06 02~05와 같은 방법으로 '브릭'으로 자기 이름을 만들어 보세요.

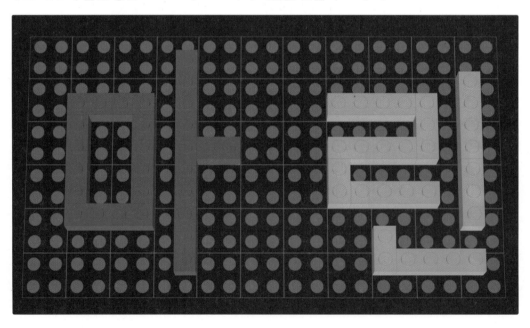

07 [File]-[Save]를 선택하고 [Save File] 대화상자가 나타나면 '저장 위치'와 '파일 이름'을 지정한 후 [저장]을 클릭해요.

완성파일 메시지 블록(완성).io

01 [빌딩 팔레트]에서 'Brick'를 클릭한 후 'I LOVE YOU' 메시지가 담긴 레고 블록을 만들어 보세요.

02 [컬러 팔레트]를 활용하여 메시지 블록을 꾸며 보세요.

02 장 캐릭터 액자 만들기

'Brick 1 × 1'을 사용하면 픽셀 아트와 같이 한 칸 단위로 색깔을 바꿀 수 있어요. 'Brick 1 × 1'을 이용하여 친구의 얼굴을 캐릭터로 표현한 후 렌더링하여 액자를 png 파일로 저장해 보세요.

학습목표

● '브릭'의 색깔을 변경하여 친구 캐릭터를 표현할 수 있어요.
● '브릭'을 추가하여 액자를 꾸밀 수 있어요.
● [렌더] 기능으로 완성된 액자를 실제 모습으로 저장할 수 있어요.

실습파일 캐릭터.io   완성파일 캐릭터(완성).io, 캐릭터(완성).png

미리보기

이런 기능을 활용해요

활용 기능	설명
[컬러 팔레트]	[작업 공간]에 있는 '브릭'의 색을 변경할 수 있어요.
[빌딩 팔레트]	[빌딩 팔레트]에서 마음에 드는 '브릭'을 찾아 사용할 수 있어요.
회전	'브릭'에 나타난 화살표를 드래그하여 '브릭'의 방향을 회전할 수 있어요.
[렌더]	3차원 모델을 2차원 이미지로 변환할 수 있어요.

1 캐릭터 그리기

01 Studio 2.0 아이콘(◆)을 더블 클릭하여 [studio] 창이 나타나면 [Open file]을 클릭해요.
[Open file] 대화상자가 나타나면 '캐릭터.io' 파일을 선택하고 [열기]를 클릭해요.

02 아래 칸을 색칠하여 친구의 모습을 닮은 캐릭터를 스케치해요.

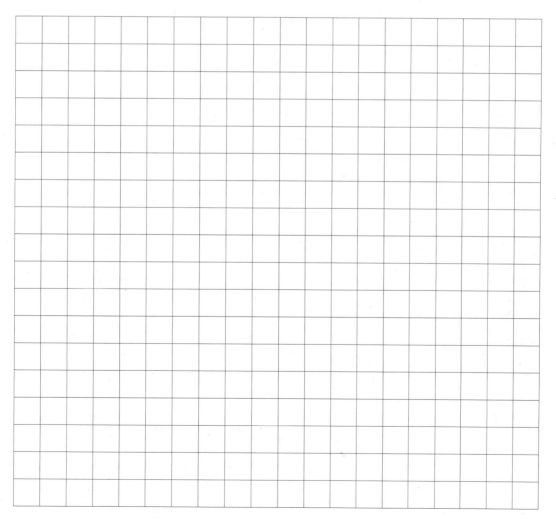

03 스케치한 내용을 참고하여 [컬러 팔레트]에서 '브릭'의 색깔을 변경하며 캐릭터의 머리카락을 칠해요.

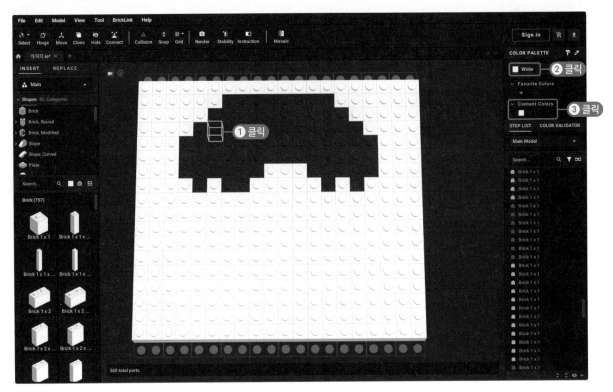

레고 TIP 캐릭터를 스케치한 칸의 수는 [작업 공간]에 있는 '브릭'의 수와 같으므로 칸의 위치를 계산하여 '브릭'의 색을 칠해요.

04 [컬러 팔레트]에서 살색을 찾아 캐릭터의 얼굴 모양을 표현해요.

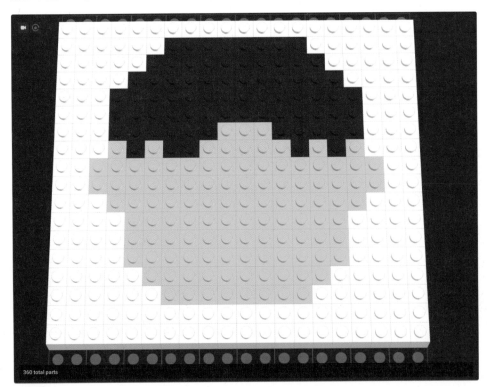

레고 TIP 여러 개의 '브릭'을 선택할 때는 마우스로 드래그하여 선택하거나 [Ctrl]+클릭해 선택해요.

05 '브릭'의 색깔을 변경하여 친구의 표정을 표현해요.

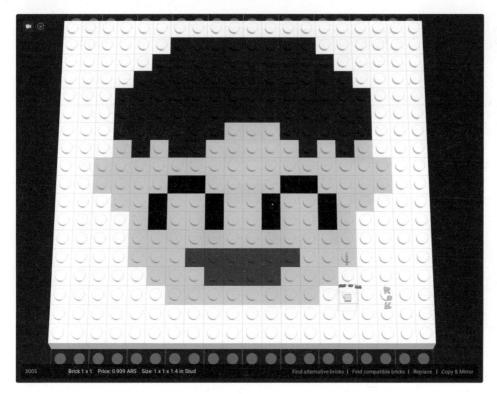

06 액자의 배경 색깔을 변경한 후 [빌딩 팔레트]-[Plant]에서 'Plant Flower 2 × 2'를 찾아 배경을 꾸며요.

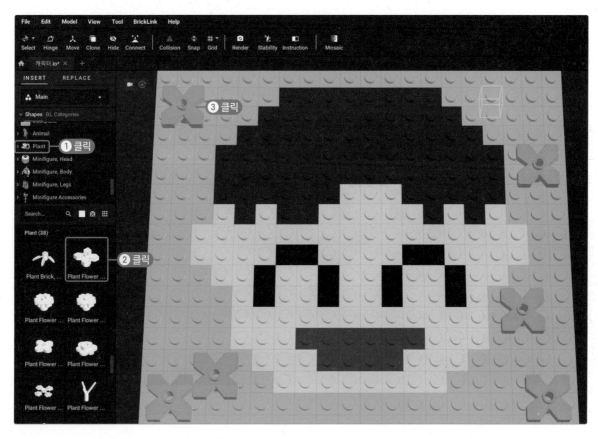

07 'Plant Flower 2 × 2'를 선택한 후 초록색 화살표를 드래그하여 방향을 회전해요.

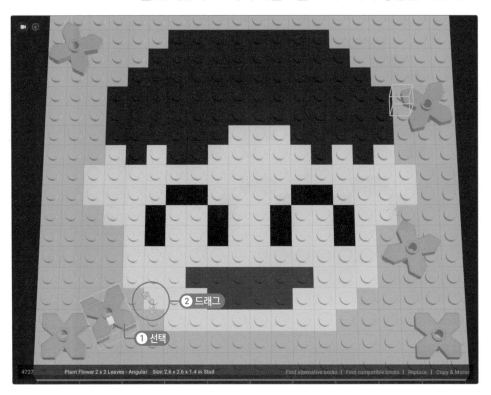

08 액자의 틀을 만들기 위해 [빌딩 팔레트]-[Brick]에서 'Brick 1 × 1'을 선택한 후 그림 테두리에 '브릭'을 추가해요.

레고 TIP '브릭'이 원하는 위치에 추가가 되지 않는다면 [빌딩 모음]에서 'Move'을 이용하여 위치를 이동해 보세요.

09 테두리에 추가한 '브릭'을 Ctrl+클릭해 선택한 후 [컬러 팔레트]에서 색깔을 변경해요.

색칠하기

10 액자가 완성되면 [File]-[Save As]를 선택한 후 [Save File] 대화상자가 나타나면 '저장 위치'와 '파일 이름'을 입력하고 [저장]을 클릭해요.

2 완성 작품 렌더링하기

01 완성한 작품을 렌더링하여 png 파일로 저장하기 위해 [빌딩 모음]에서 [Render(Render)]를 클릭해요.

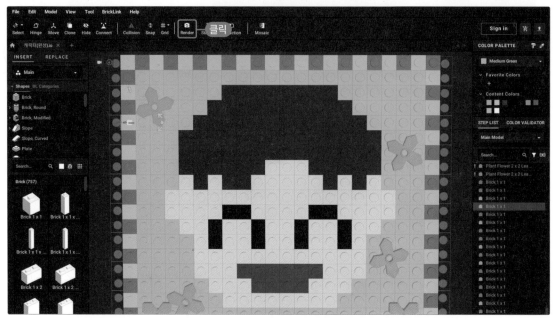

> **레고 TIP** 렌더링이란 3차원 모델을 2차원 이미지로 변환하는 과정으로 모델의 질감이나 조명, 그림자 등을 고려하여 실제처럼 보이는 이미지를 생성하는 과정을 말해요.

02 [Render Image] 창이 나타나면 'Image size'를 '800*600(4:3)'으로, 'BACKGROUD & LIGHT'에서 그림 배경을 제거하기 위해 'TRANSPARENT'를, 'Floor shadow'의 체크를 해제한 후 'FORMAT'에서 '.png(8bit)'를 확인하고 [Render]를 클릭해요.

혼자서 미션 해결하기

실습파일 액자.io　완성파일 액자(완성).io, 액자(완성).png

01 '액자.io' 파일을 열고 '브릭'의 색깔을 변경하여 자연 풍경 모습을 완성한 후 저장해 보세요.

370 total parts

Hint [빌딩 팔레트]-[Plant]의 'Plant Flower 2 × 2 Leaves', 'Plant Flower 2 × 2 Rounded' 사용

02 완성된 자연 풍경 모습을 렌더링하여 Png 파일로 저장해 보세요.

03장 반려동물과 공원 산책하기

레고 스튜디오의 '브릭' 중에는 동물과 사람을 표현할 수 있는 '브릭'이 분류되어 있어요. 얼굴과 몸, 팔, 다리 등의 '브릭'을 찾아 나만의 캐릭터와 반려동물을 만들어 봐요.

학습목표

- 'Minifigure' 브릭을 이용하여 캐릭터를 조립할 수 있습니다.
- 'Animal' 브릭을 이용하여 반려동물을 조립할 수 있습니다.
- [빌딩 팔레트]에서 필요한 '브릭'을 검색할 수 있습니다.

실습파일 산책.io   완성파일 산책(완성).io

미리보기

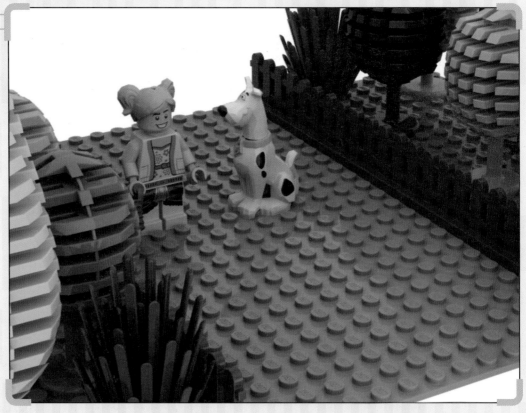

이런 기능을 활용해요

활용 기능	설명
[빌딩 팔레트]	[빌딩 팔레트]에서 마음에 드는 '브릭'을 찾아 사용할 수 있어요.
[컬러 팔레트]	[작업 공간]에 있는 '브릭'의 색깔을 변경할 수 있어요.
회전	키보드의 방향키를 눌러 '브릭'의 방향을 회전할 수 있어요.
검색	[빌딩 팔레트]에서 필요한 '브릭'을 이름으로 검색할 수 있어요.
[Move]	'브릭'의 위치를 이동할 수 있어요.

캐릭터 추가하기

01 Studio 2.0 아이콘(◈)을 더블 클릭하여 [studio] 창이 나타나면 [Open file]을 클릭한 후 [Open file] 대화상자에서 '산책.io' 파일을 선택하고 [열기]를 클릭해요.

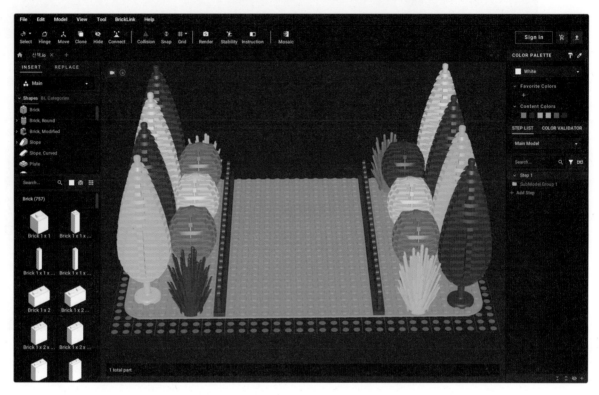

02 공원에 캐릭터를 추가하기 위해 우선 [빌딩 팔레트]에서 'Minifigure, Head'와 'Minifigure, Body', 'Minifigure, Legs', 'Minifigure, Accessories'에 어떤 '브릭'이 있는지 확인해 보세요.

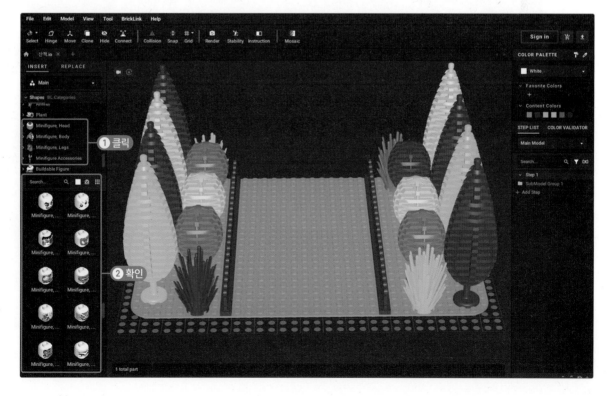

03 '브릭'으로 캐릭터를 만들기 위해 [빌딩 팔레트]에서 'Minifigure, Legs'를 선택하고 마음에 드는 캐릭터의 다리를 선택한 후 [작업 공간]을 클릭해요.

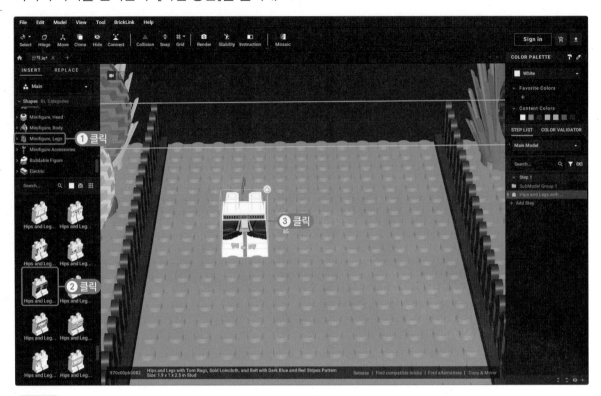

레고 TIP 캐릭터를 조립할 때는 아래쪽부터 위로 차례대로 쌓아 올려야 하므로 '다리 → 몸 → 얼굴 → 팔 → 액세서리' 순으로 연결해요.

04 [빌딩 팔레트]에서 'Minifigure, Body'를 선택하고 마음에 드는 캐릭터의 몸을 찾아 다리에 연결해요.

레고 TIP 조립이 어렵다면 [빌딩 모음]에서 [Move]를 활용하여 '브릭'의 위치를 이동하면서 '브릭'을 조립해요.

05 [빌딩 팔레트]에서 'Minifigure, Head'를 선택하고 마음에 드는 캐릭터의 얼굴을 찾아 몸에 연결한 후 [컬러 팔레트]에서 색을 변경해요.

레고 TIP 'Minifigure, Head'의 '브릭'은 크기가 다르므로 몸의 크기와 맞는 '얼굴 브릭'을 찾아 연결해요.

06 [빌딩 팔레트]에서 'Minifigure, Head'를 선택하고 마음에 드는 헤어 스타일을 찾아 얼굴에 연결한 후 [컬러 팔레트]에서 색을 변경해요.

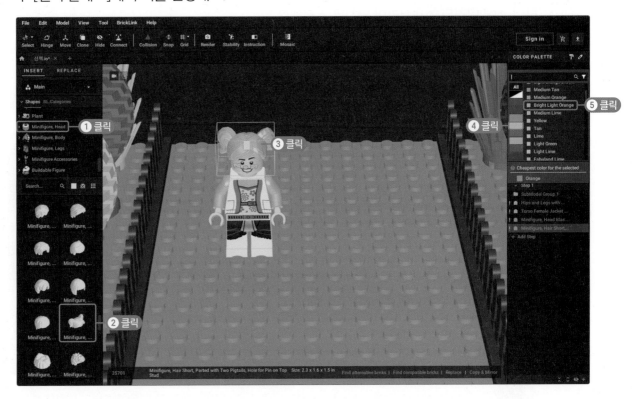

07 [빌딩 팔레트]에서 'Minifigure, Accessories'를 선택하고 마음에 드는 액세서리를 찾아 손에 연결한 후 [컬러 팔레트]에서 색을 변경해요.

액세서리 중 손에 연결될 수 있는 액세서리를 찾아 사용해요.

08 마우스 오른쪽 버튼을 누른 채 드래그하여 [작업 공간]을 회전한 후 [빌딩 모음]에서 'Move'를 클릭하여 손에 연결된 액세서리의 위치를 조절해요.

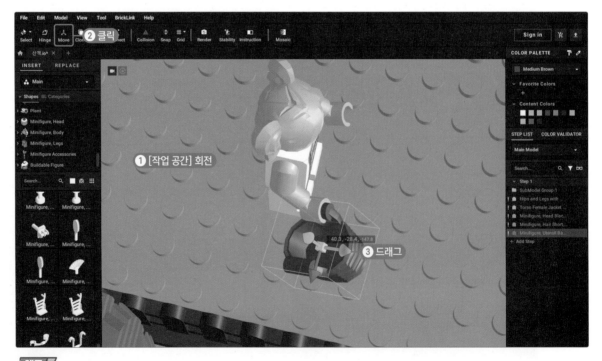

'액세서리 브릭'은 앞에서 볼 때와 위치가 다를 수 있으므로 [작업 공간]을 회전하여 위치를 확인해야 해요.

2 반려동물 추가하기

O1 반려동물을 추가하기 위해 원하는 동물의 이름을 [빌딩 팔레트]-[검색 창]에 입력("dog")한 후
Enter↵를 눌러요.

O2 마음에 드는 강아지의 몸을 선택한 후 [작업 공간]을 클릭해요.

> **레고 TIP** 강아지의 방향을 회전해야 하므로 캐릭터와 간격을 두고 추가해요.

03 키보드의 방향키를 눌러 강아지가 캐릭터를 바라보도록 방향을 회전해요.

강아지가 투명으로 바뀐다면 위치가 맞지 않은 것이므로 드래그하여 위치를 이동해요.

04 [빌딩 팔레트]에서 강아지 얼굴도 선택하여 몸과 연결한 후 키보드의 방향키를 이용해 강아지의 얼굴도 회전해요.

05 [File]-[Save]를 선택하고 [Save File] 대화상자가 나타나면 '저장 위치'와 '파일 이름'을 입력한 후 [저장]을 클릭해요.

혼자서 미션 해결하기

완성파일 공원 산책하는 모습(완성).io

01 공원에 산책 나온 사람들과 반려동물을 추가해 보세요.

02 [빌딩 팔레트]의 'Animal'에서 '새'를 찾아 공원에 새도 추가해 보세요.

04장 나만의 카페 인테리어하기

레고 스튜디오의 '브릭' 중에는 음식과 의자, 테이블 등 다양한 모양의 '인테리어 브릭'이 있어요. '브릭'의 모양을 확인하여 카페에 어울리는 '브릭'을 찾아 인테리어를 완성해 보세요.

학습목표

● 필요한 '브릭'을 검색할 수 있습니다.
◑ '브릭'을 복제하여 사용할 수 있습니다.
● '브릭'의 방향과 색을 변경할 수 있습니다.

실습파일 인테리어.io   완성파일 인테리어(완성).io

미리보기

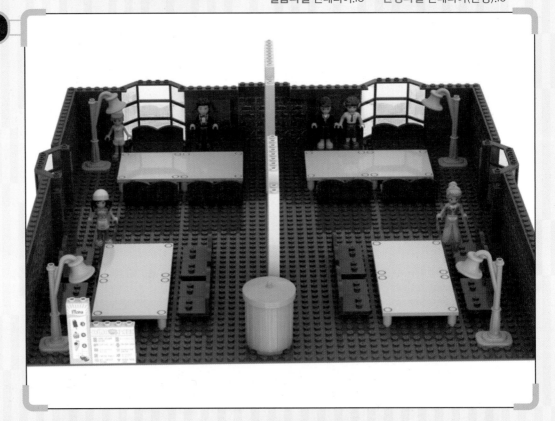

이런 기능을 활용해요

활용 기능	설명
[빌딩 팔레트]	[빌딩 팔레트]에서 마음에 드는 '브릭'을 찾아 사용할 수 있어요.
[컬러 팔레트]	[작업 공간]에 있는 '브릭'의 색깔을 변경할 수 있어요.
회전	키보드의 방향키를 눌러 '브릭'의 방향을 회전할 수 있어요.
검색	[빌딩 팔레트]에서 필요한 '브릭'을 이름으로 검색할 수 있어요.
[Move]	'브릭'의 위치를 이동할 수 있어요.

카페 인테리어하기

01 Studio 2.0 아이콘(◈)을 더블 클릭하여 [studio] 창이 나타나면 [Open file]을 클릭한 후 [Open file] 대화상자에서 '인테리어.io' 파일을 선택하고 [열기]를 클릭해요.

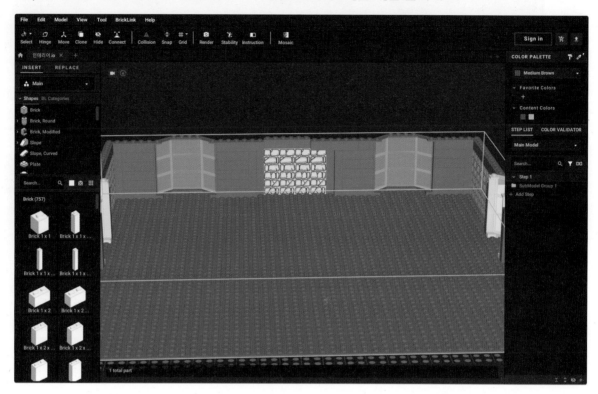

02 카페에 테이블을 설치하기 위해 [빌딩 팔레트]-[검색 창]에서 "scala"를 검색한 후 테이블을 찾아 [작업 공간]에서 클릭해요.

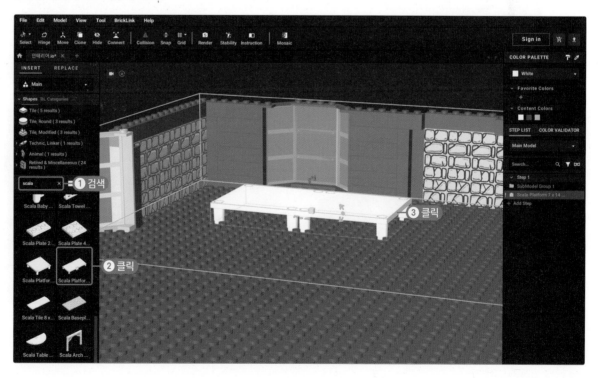

03 의자를 설치하기 위해 [빌딩 팔레트]–[검색 창]에서 "chair"를 검색하여 의자를 찾아 [작업 공간]에서 클릭해요.

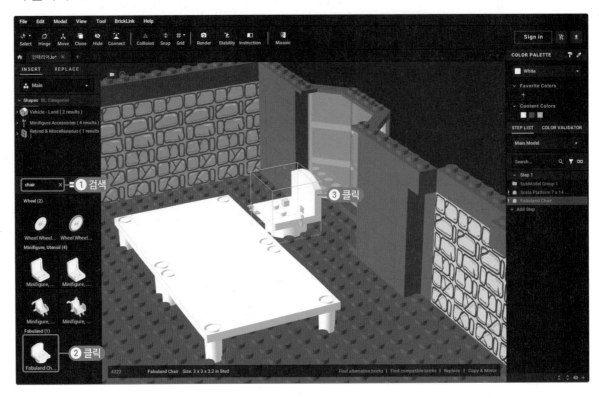

04 [컬러 팔레트]에서 '의자'와 '테이블'의 색을 원하는 색으로 변경해요.

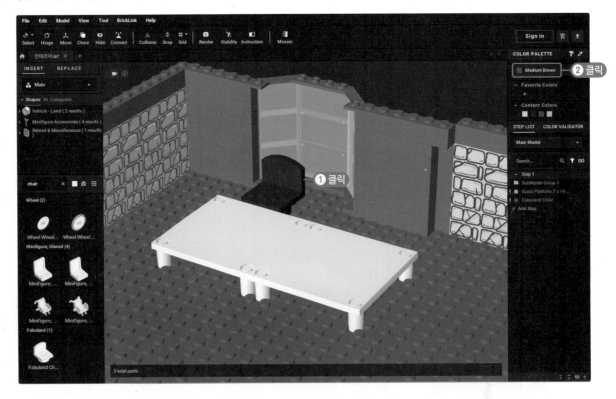

05 [빌딩 모음]에서 'Clone(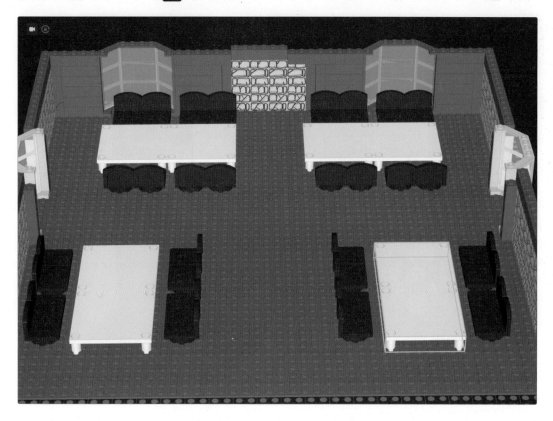)'를 클릭한 후 '의자'와 '테이블' 브릭을 복제하여 카페를 꾸며 보세요.

06 카페에 추가하고 싶은 '브릭'을 [빌딩 팔레트]-[검색 창]에서 검색하여 카페를 꾸며 보세요.

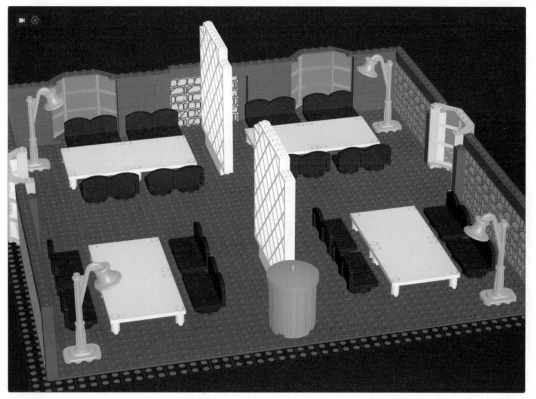

레고 TIP 검색한 브릭 : "Lamp", "Belville Wall", "Trash Can"

07 [빌딩 팔레트]-[검색 창]에서 "Mini Doll"을 검색하여 카페에 손님을 추가해요.

08 [빌딩 팔레트]-[검색 창]에서 "menu"를 검색하여 카페에 메뉴를 추가해 보세요.

09 [File]-[Save]를 클릭하여 [Save File] 대화상자가 나타나면 '저장 위치'와 '파일 이름'을 입력하고
[저장]을 클릭해요.

혼자서 미션 해결하기

완성파일 카페 외관(완성).io

01 [빌딩 팔레트]-[검색 창]에서 "roof"를 검색하여 카페의 지붕을 꾸며 보세요.

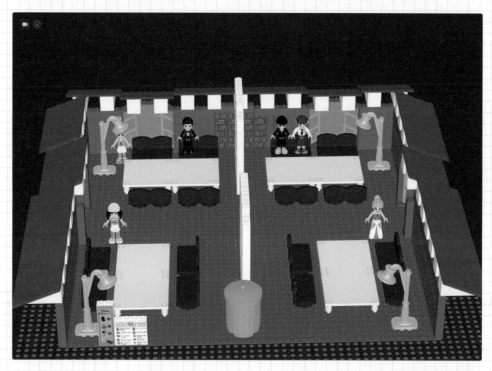

02 [빌딩 팔레트]-[검색 창]에서 "chair", "table"을 검색하여 야외 테이블을 추가해 보세요.

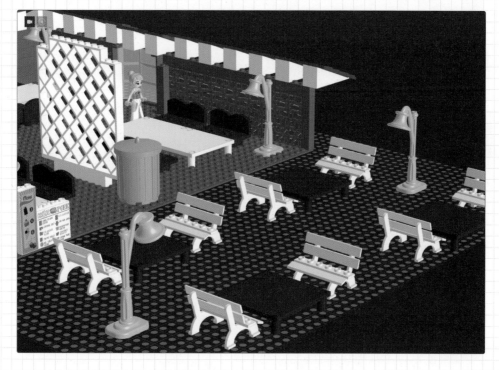

05장 가고 싶은 휴양지 꾸미기

'Baseplate'는 '브릭'을 쌓을 때 지지대 역할을 할 수 있는 평평하고 튼튼한 판이에요. 레고 스튜디오에서는 다양한 모습의 'Baseplate'를 제공하고 있어요. 'Baseplate'를 이용하여 바다 모습을 표현하고 '브릭'을 이용하여 휴양지 모습을 꾸며 보세요.

학습목표
- ● 'Baseplate'로 바다를 표현할 수 있습니다.
- ● '브릭'을 이용하여 야자수를 만들 수 있습니다.
- ● '브릭'을 그룹화하여 하나로 합칠 수 있습니다.

완성파일 휴양지(완성).io

미리보기

이런 기능을 활용해요

활용 기능	설명
[빌딩 팔레트]	[빌딩 팔레트]에서 마음에 드는 '브릭'을 찾아 사용할 수 있어요.
[컬러 팔레트]	[작업 공간]에 있는 '브릭'의 색을 변경할 수 있어요.
회전	키보드의 방향키를 눌러 '브릭'의 방향을 회전할 수 있어요.
검색	[빌딩 팔레트]에서 필요한 '브릭'을 이름으로 검색할 수 있어요.
[Move]	'브릭'의 위치를 이동할 수 있어요.
[Submodel]	'브릭'을 하나로 합쳐 새로운 모델을 만들 수 있어요.

01 Studio 2.0 아이콘(◈)을 더블 클릭하여 [studio] 창이 나타나면 새로운 파일을 만들기 위해 [Create new]를 클릭해요.

02 바다의 모습을 표현하기 위해 [빌딩 팔레트]에서 'Baseplate'를 클릭하고 마음에 드는 '브릭'을 찾아 선택한 후 [작업 공간]을 클릭해요.

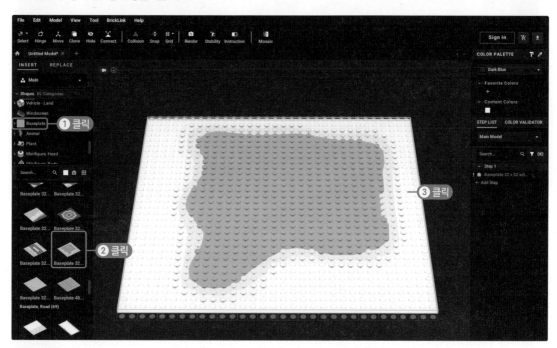

레고 TIP 사용 브릭 : 'Baseplate 32 × 32 with Paradisa Island Pattern'

03 [컬러 팔레트]에서 '브릭'의 색깔을 변경하여 바다를 표현해 보세요.

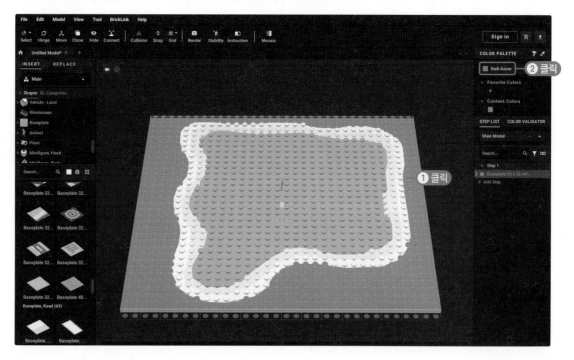

04 ‘Baseplate’에서 다른 ‘브릭’도 추가하여 넓은 바다를 표현해 보세요.

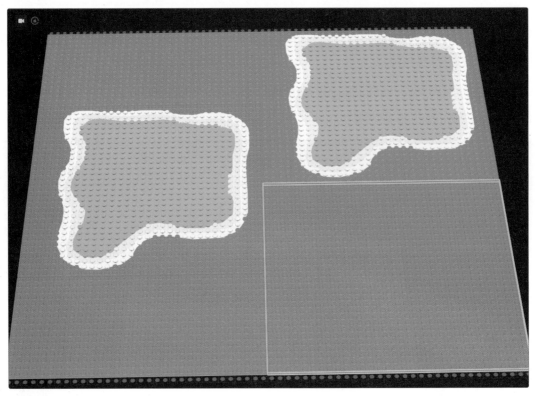

사용 브릭 : ‘Baseplate 32 × 32’, ‘Baseplate 16 × 32’

05 바다를 표현한 ‘Baseplate 브릭’을 하나로 합치기 위해 Ctrl + A를 누른 후 마우스 오른쪽 버튼을 클릭하고 [Submodel]–[Create]를 선택해요.

06 [Create submodel] 대화상자가 나타나면 모델 이름(“바다”)을 입력하고 [Okay]를 클릭해요.

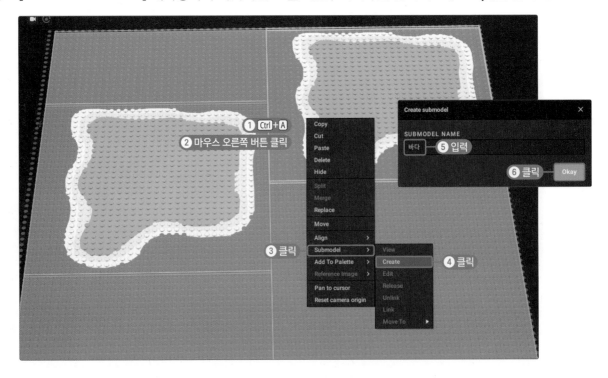

휴양지 꾸미기

01 섬에 야자수를 추가하기 위해 [빌딩 팔레트]-[Plant]를 클릭한 후 'Plant, Tree Palm Base 4 × 4' 를 찾아 섬 위에서 클릭해요.

02 [컬러 팔레트]에서 야자수('Plant, Tree Palm Base 4 × 4') 나무의 색을 변경해요.

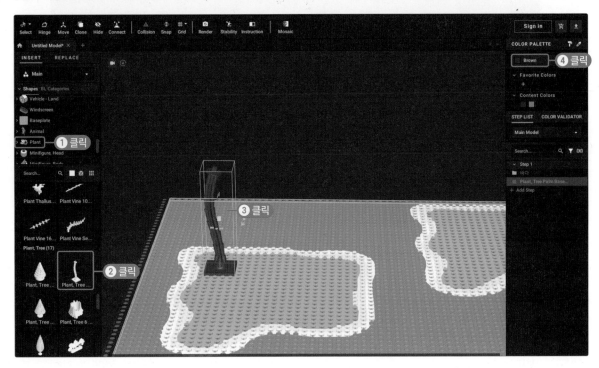

03 나무에 잎을 조립하기 위해 [빌딩 팔레트]의 'Plant'에서 'Plant, Tree Palm Leaf 4'를 찾아 나무 끝에 연결한 후 [컬러 팔레트]에서 잎의 색을 변경해요.

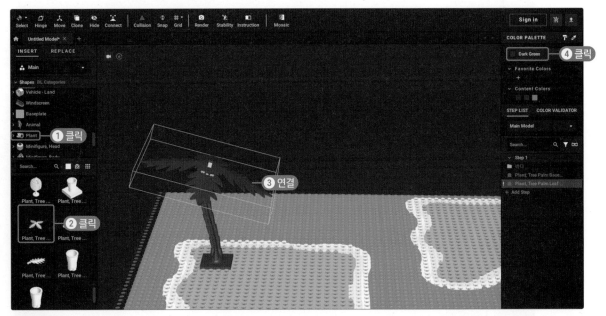

레고 TIP 그림과 다른 '브릭'을 사용했을 때 조립이 잘되지 않는다면 조립할 수 없는 '브릭'이므로 다른 '브릭'을 찾아 사용해야 해요.

04 Ctrl을 누른 채 '나무'와 '잎'을 클릭하여 선택한 후 마우스 오른쪽 버튼을 클릭하고 [Submodel]-
[Create]를 선택해요. [Create submodel] 대화상자가 나타나면 모델 이름("야자수")을 입력한
후 [Okay]를 클릭해요.

05 [빌딩 모음]에서 [Clone(⬚)]을 클릭한 후 '야자수'를 여러 개 복제하여 섬에 추가하고 키보드에서
방향키를 눌러 '야자수'의 방향을 회전시켜요.

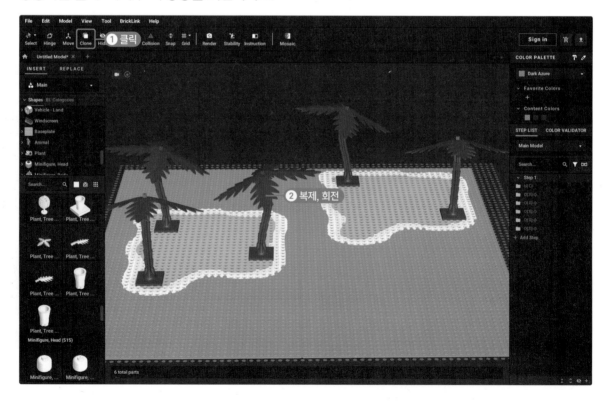

06 [빌딩 팔레트]의 'Minifigure, Head'와 'Minifigure, Body', 'Minifigure, Legs'에서 마음에 드는 '브릭'을 찾아 캐릭터를 완성한 후 그룹화(Create submodel)해요.

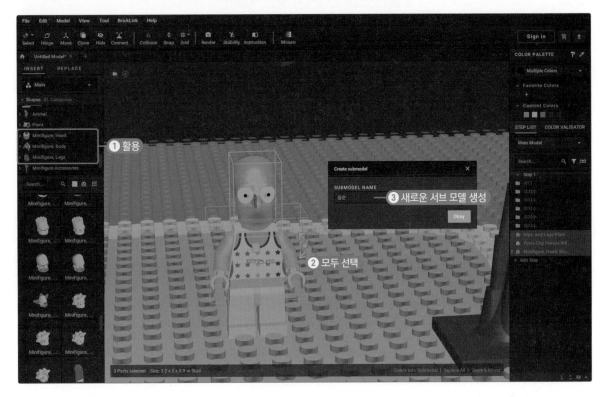

07 캐릭터를 회전한 후 [빌딩 모음]의 [Move(🔧)]를 클릭하여 캐릭터의 위치를 이동하여 수영하는 모습을 표현해 보세요.

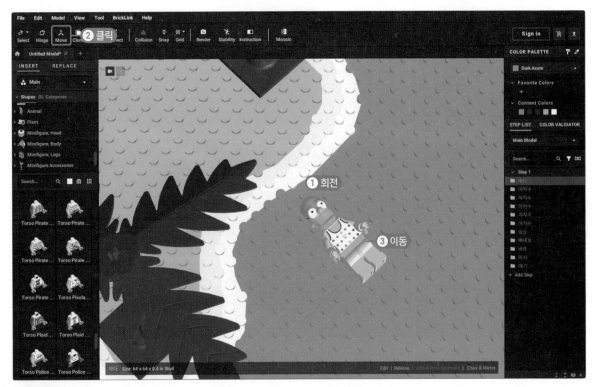

레고 TIP [Move]를 클릭한 후 키보드의 방향키를 누르면 '브릭'을 이동시킬 수 있어요.

08 06~07과 같은 방법으로 다른 캐릭터도 추가하여 휴양을 즐기고 있는 사람들을 표현해 보세요.

09 [빌딩 팔레트]에서 '브릭'을 자유롭게 가져와 휴양지를 꾸며 보세요.

레고 TIP 브릭 검색어 : "rock", "Plant", "Radio", "utensil Net", "cup"

10 화면 크기와 각도를 변경하고 [빌딩 모음]-[Render(⬛)]를 이용하여 휴양지에서 놀고 있는 모습을 사진처럼 찍어 보세요.

11 [File]-[Save]를 선택하고 [Save File] 대화상자가 나타나면 '저장 위치'와 '파일 이름'을 입력한 후 [저장]을 클릭해요.

혼자서 미션 해결하기

01 [빌딩 팔레트]–[Baseplate]에서 'Baseplate 16 × 32 with River and Set 6071 Dots Pattern'을 찾아 [작업 공간]에 추가해요. "rock"를 검색하여 계곡을 표현한 후 그룹화(Create submodel)해 보세요.

02 [빌딩 팔레트]에서 '브릭'을 자유롭게 가져와 계곡에 나무와 캐릭터를 추가해 보세요.

06장 레고 레이싱카 조립하기

레고 스튜디오에서는 실제 판매하는 모형을 조립할 수 있도록 '브릭'을 제공하고 있어요. 마음에 드는 레이싱카의 모습을 검색하고 '브릭'을 다운 받아 조립해봐요.

학습목표

- 레이싱카 조립 블록을 가져올 수 있습니다.
- 'Baseplate'로 도로를 표현할 수 있습니다.
- '브릭'으로 레이싱 경기 모습을 표현할 수 있습니다.

실습파일 '06장' 폴더의 '레이싱카.io'   완성파일 레이싱카(완성).io

미리보기

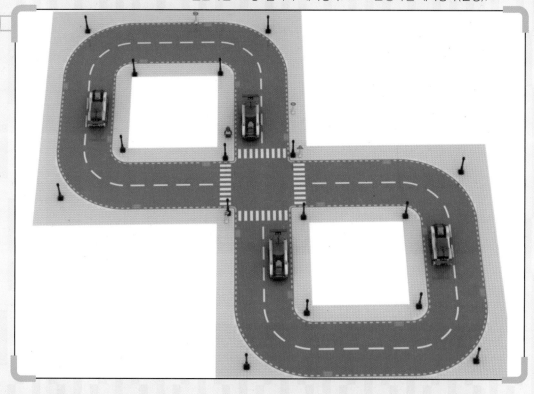

이런 기능을 활용해요

활용 기능	설명
[Import official Lego Set]	레고 사이트에서 판매하는 제품의 '브릭'을 가져올 수 있어요.
[빌딩 팔레트]	[빌딩 팔레트]에서 마음에 드는 '브릭'을 찾아 사용할 수 있어요.
회전	키보드의 방향키를 눌러 '브릭'의 방향을 회전할 수 있어요.
검색	[빌딩 팔레트]에서 필요한 '브릭'을 이름으로 검색할 수 있어요.
[Move]	'브릭'의 위치를 이동할 수 있어요.
[Submodel]	'브릭'을 하나로 합쳐 새로운 모델을 만들 수 있어요.

조립할 블록 가져오기

01 레고 사이트(https://www.lego.com)에 접속한 후 [고객 지원]-[조립설명서 검색]을 클릭해요.

02 조립설명서에서 "레이싱카"를 검색한 후 '60256 레이싱카'를 클릭해요.

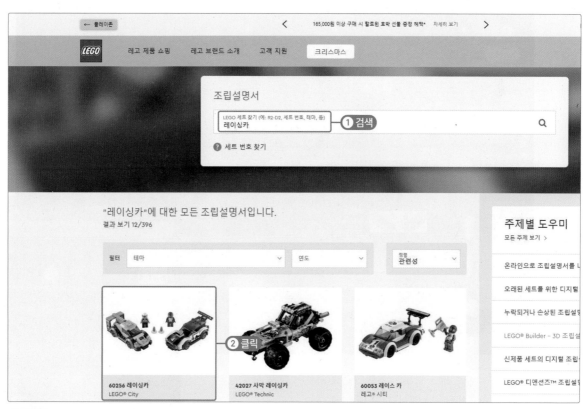

'60256 레이싱카'가 없다면 예제 폴더에 있는 레이싱카 예제를 활용해요.

03 레고 조립설명서를 보기 위해 PDF 다운로드를 클릭하고 실행되는 조립설명서는 닫지 않아요.

04 '60256' 레고 블록을 가져오기 위해 Studio 2.0 아이콘(◈)을 더블 클릭하고 [studio] 창이 나타나면 [Create new]를 클릭해요. [File]-[Import]-[Import Official LEGO Set]을 선택하고 [Import Official LEGO Set] 대화상자가 나타나면 "60256"을 입력한 후 [Import]를 클릭해요.

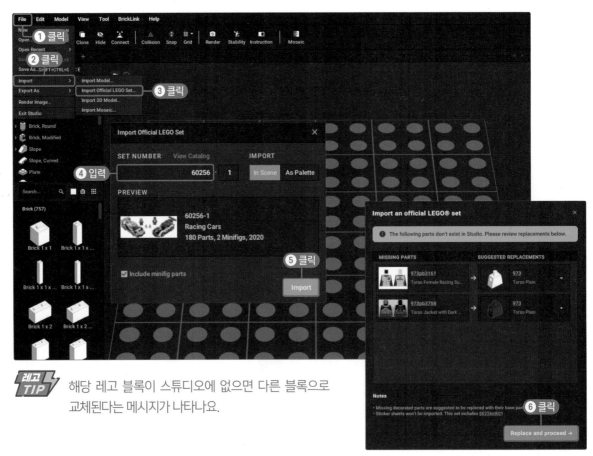

레고 TIP 해당 레고 블록이 스튜디오에 없으면 다른 블록으로 교체된다는 메시지가 나타나요.

01 조립에 필요한 '브릭'이 [작업 공간]에 나타나면 조립설명서 '5 Page'를 참고하여 레이싱 선수를 조립할 때 필요한 블록을 먼저 찾아 이동시켜요.

레고 TIP 조립설명서를 열어 놓았으므로 [Import an official LEGO set] 창이 열리면 [X]를 눌러 창을 닫아요.

02 조립설명서 '5 Page'를 참고하여 레이싱 선수를 조립해요. 마우스를 드래그하여 '레이싱 선수 브릭'을 모두 선택한 후 마우스 오른쪽 버튼을 클릭해 [Submodel]-[Create]를 선택해요. [Create submodel] 대화상자가 나타나면 이름("선수1")을 입력하고 [Okay]를 클릭해요.

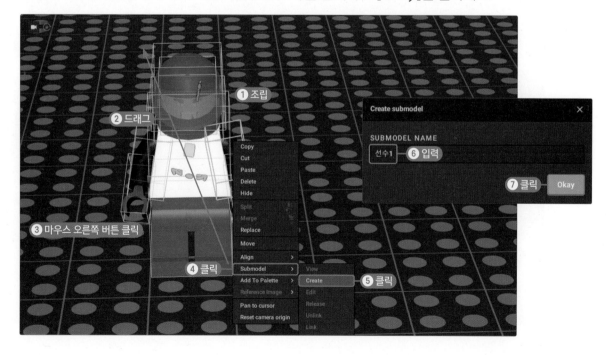

03 조립설명서 '6 Page'부터 '43 Page'를 참고하여 레이싱카를 조립해 보세요.

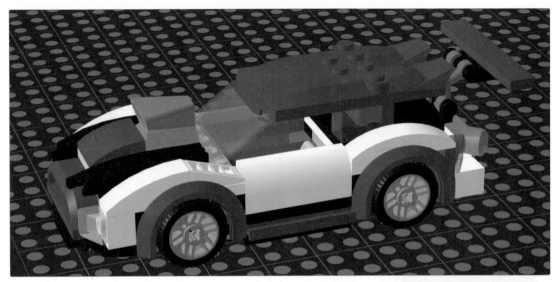

 · '브릭'은 색깔별로 나열되어 있으므로 설명서 그림의 색을 잘
보고 '브릭'을 찾아요.
· '22 page'처럼 완성된 '브릭'을 회전해야 할 때는 마우스를
드래그하여 '브릭'을 모두 선택한 후 키보드의 방향키를 눌
러 회전해요.

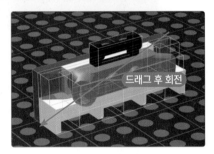

04 마우스를 드래그하여 '레이싱카 브릭'을 모두 선택한 후 마우스 오른쪽 버튼을 눌러 [Submodel]-
[Create]를 선택해요. [Create submodel] 대화상자가 나타나면 이름("레이싱카1")을 입력하고
[Okay]를 클릭해요.

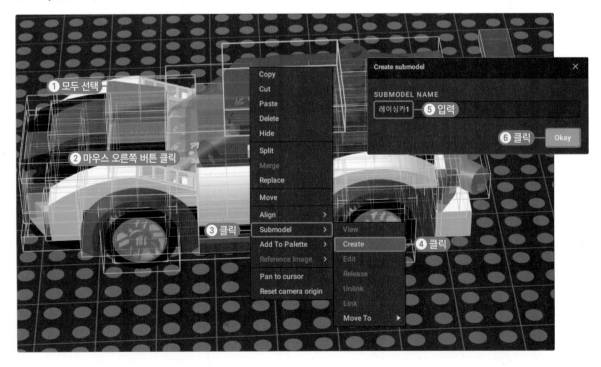

01 완성된 '레이싱카1'과 '선수1'을 제외한 나머지 '브릭'을 모두 선택한 후 Delete를 누르거나 마우스 오른쪽 버튼을 클릭해 [Delete]를 선택해 삭제해요.

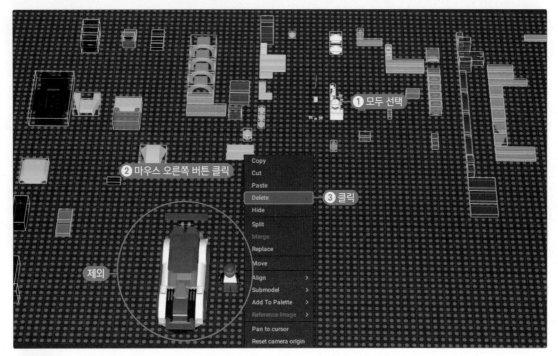

레고 TIP 시간이 남는다면 다른 레이싱카와 선수도 조립해 보세요.

02 도로의 모습을 표현하기 위해 [빌딩 팔레트]에서 'Baseplate'를 클릭하고 'Baseplate, Road 32 × 32 6-Stud Crossroad'를 찾아 [작업 공간]에 추가해요.

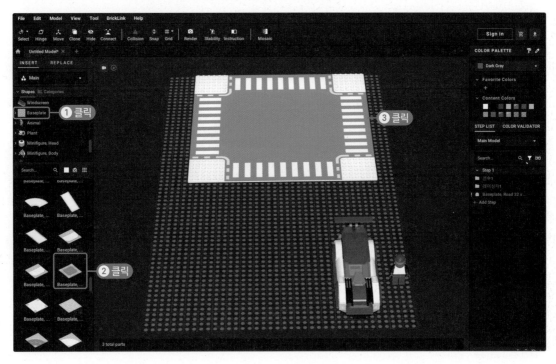

03 [빌딩 팔레트]-[Baseplate]에서 'Road'와 관련된 '브릭'을 찾아 도로를 완성하고 '도로 브릭'을 모두 선택해요. 마우스 오른쪽 버튼을 클릭해 [Submodel]-[Create]를 선택한 후 [Create submodel] 대화상자가 나타나면 이름("도로")을 입력하고 [Okay]를 클릭해요.

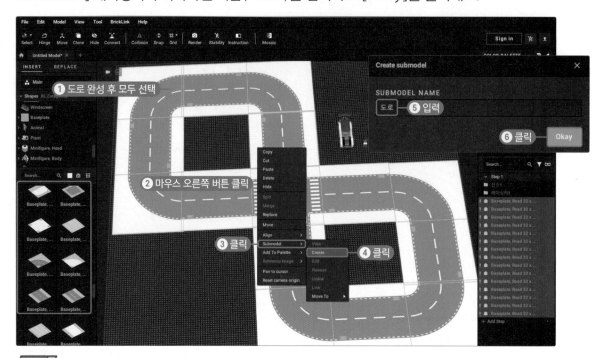

레고 TIP 도로를 설치할 때 'Baseplate'가 겹치지 않도록 주의해요.

04 [빌딩 모음]에서 [Clone( )]을 클릭하여 '레이싱카'와 '선수'를 복제해 도로에 추가해요. 자유롭게 '브릭'을 추가하여 도로를 꾸며 보세요.

05 [File]-[Save]를 선택하고 [Save File] 대화상자가 나타나면 '저장 위치'와 '파일 이름'을 입력한 후 [저장]을 클릭해요.

혼자서 미션 해결하기

실습파일 '06장' 폴더의 '경찰차.io'   완성파일 경찰차(완성).io

01 레고 사이트(https://www.lego.com)에서 [고객 지원]-[조립설명서 검색]을 클릭해 조립하고 싶은 레고 모델을 검색해요. 제품 번호를 확인하고 레고 스튜디오에서 '브릭'을 가져와요.

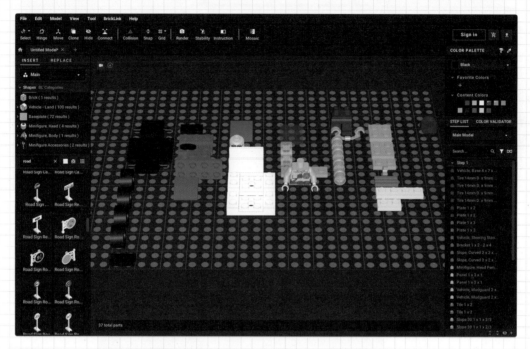

Hint 검색한 제품 : "경찰차 30366"

02 조립설명서를 참고하여 다운 받은 '브릭'을 조립해 보세요.

07장 마인크래프트 속 집 건축하기

레고 스튜디오에서는 유명한 게임이나 애니메이션의 '캐릭터 브릭'도 제공하고 있어요. '캐릭터 브릭'을 이용하여 마인크래프트 게임 속 집을 표현해 보고 재미있는 장면을 연출해 봐요.

학습목표

● 마인크래프트 속 건축물을 재현할 수 있습니다.
● 캐릭터를 이용하여 게임 모습을 표현할 수 있습니다.

실습파일 마크 건축.io   완성파일 마크 건축(완성).io

미리보기

이런 기능을 활용해요

활용 기능	설명
[빌딩 팔레트]	[빌딩 팔레트]에서 마음에 드는 '브릭'을 찾아 사용할 수 있어요.
[컬러 팔레트]	[작업 공간]에 있는 '브릭'의 색을 변경할 수 있어요.
회전	키보드의 방향키를 눌러 '브릭'의 방향을 회전할 수 있어요.
검색	[빌딩 팔레트]에서 필요한 '브릭'을 이름으로 검색할 수 있어요.
[Move]	'브릭'의 위치를 이동할 수 있어요.
[Clone]	'브릭'을 복제할 수 있어요.

 **마인크래프트 집 건축하기**

01 Studio 2.0 아이콘(✦)을 더블 클릭하여 [studio] 창이 나타나면 [Open file]을 클릭해요.
[Open file] 대화상자에서 '마크 건축.io' 파일을 선택하고 [열기]를 클릭해요.

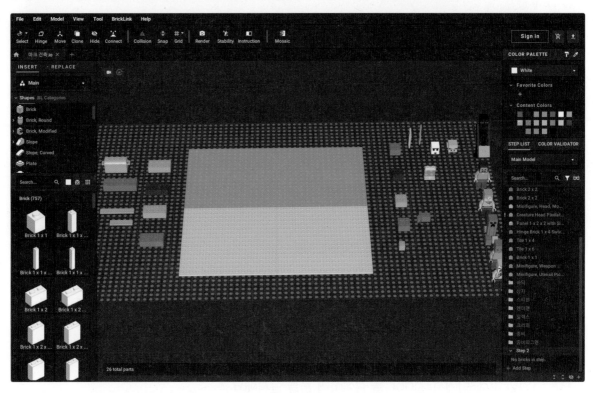

02 준비된 '회색 브릭'을 조립하여 집 크기를 결정해요.

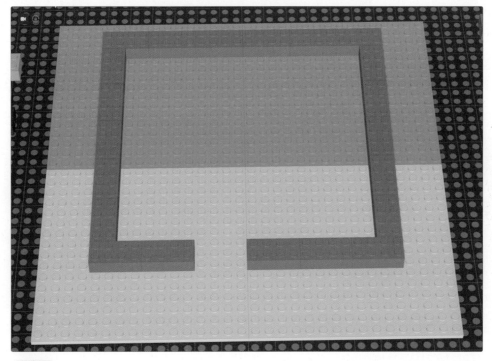

레고 TIP 모든 '브릭'은 복제해서 사용해요.

03 준비된 'Tile 브릭'을 이용하여 바닥에 타일을 설치해요.

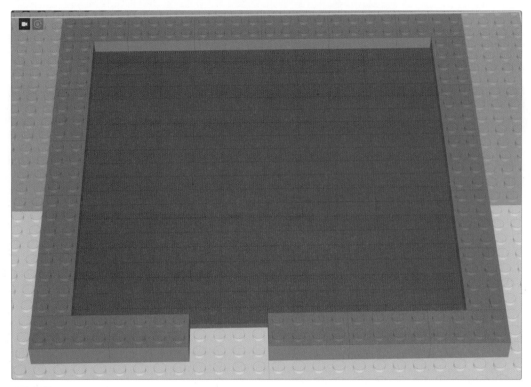

레고 TIP 타일의 색은 자유롭게 변경해요.

04 [빌딩 팔레트]에서 "door"를 검색하여 문을 설치해요.

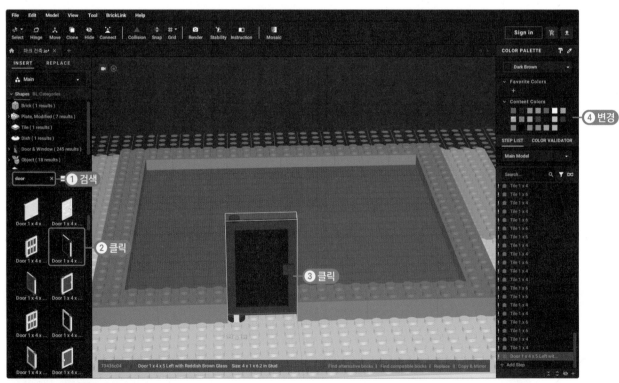

레고 TIP 문의 색은 자유롭게 변경해요.

05 [빌딩 팔레트]에서 "window"를 검색하여 창문을 설치해요.

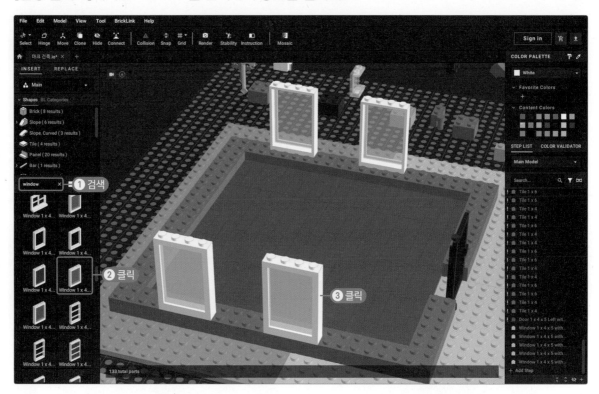

06 준비된 '회색 브릭'으로 건물에 벽을 쌓아 올려요.

07 준비된 '갈색 브릭'을 이용하여 지붕을 쌓아요.

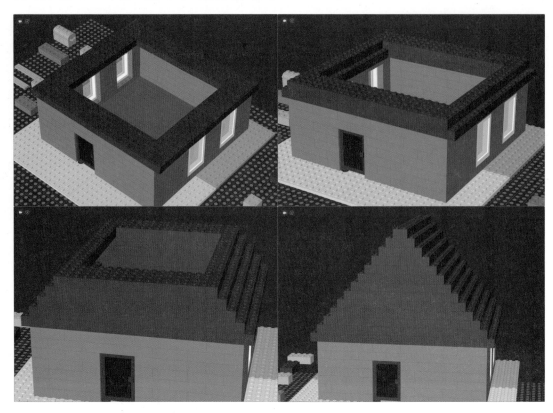

08 준비된 'Tile 브릭'을 이용하여 지붕을 정리해요.

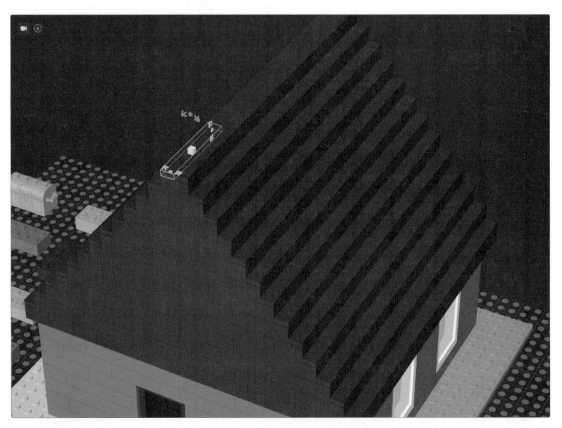

01 'door 브릭'을 선택한 후 키보드의 방향키를 눌러 문을 열어요.

02 '스티븐'의 위치를 이동하여 문을 열고 나온 모습을 표현해요.

03 '알렉스'가 '다이아몬드 검'을 들고 '좀비 피그맨'을 잡는 모습을 표현해요.

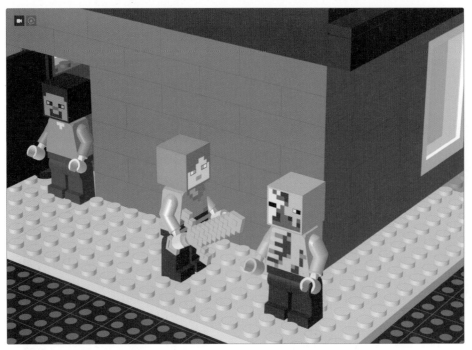

레고 TIP '다이아몬드 검'은 '회색 칼'의 색을 변경해요.

04 '집'을 기웃대는 '좀비'와 '크리퍼', 지붕에서 놀고 있는 '앤더맨'을 표현해요.

05 [File]-[Save]를 선택하고 [Save File] 대화상자가 나타나면 '저장 위치'와 '파일 이름'을 입력한 후 [저장]을 클릭해요.

혼자서 미션 해결하기

완성파일 부서진 건물(완성).io

01 [빌딩 모음]에 'Clone'을 이용하여 바닥을 확장해 보세요.

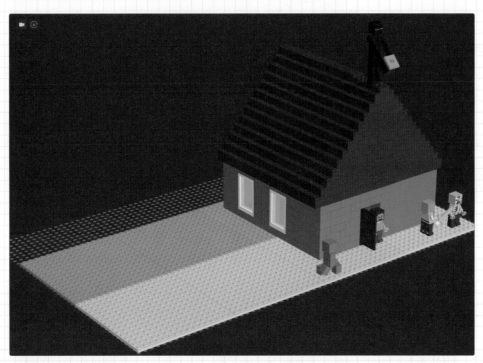

02 '크리퍼'로 인해 부서진 집을 표현해 보세요.

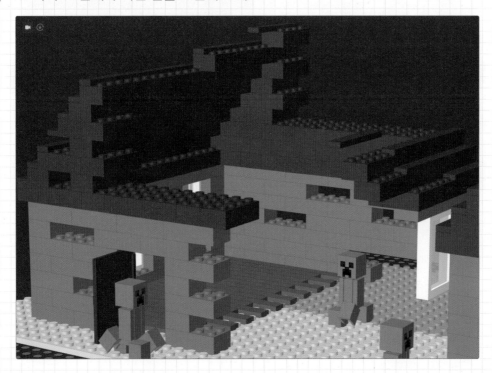

08장 좀비가 우글대는 숲 만들기

'Baseplate'를 이용하여 울창한 숲을 표현하고 외부에서 완성된 모델을 불러와 좀비가 우글거리는 숲을 표현해 봐요.

학습목표

● 'Baseplate'로 울창한 숲을 표현할 수 있습니다.
◎ 외부에서 완성된 레고 모델을 불러올 수 있습니다.
● 묶여 있는 모델을 풀어 사용할 수 있습니다.

실습파일 마크 캐릭터.io   완성파일 좀비 숲 만들기(완성).io

미리보기

이런 기능을 활용해요

활용 기능	설명
[Import]	외부에서 완성된 레고 모델을 불러올 수 있어요.
[빌딩 팔레트]	[빌딩 팔레트]에서 마음에 드는 '브릭'을 찾아 사용할 수 있어요.
[컬러 팔레트]	[작업 공간]에 있는 '브릭'의 색을 변경할 수 있어요.
[Move]	'브릭'의 위치를 이동할 수 있어요.
[Clone]	'브릭'을 복제할 수 있어요.

01 Studio 2.0 아이콘(◈)을 더블 클릭하여 [studio] 창이 나타나면 새로운 파일을 만들기 위해 [Create new]를 클릭해요.

02 울창한 숲의 모습을 표현하기 위해 [빌딩 팔레트]에서 'Baseplate'를 클릭하고 숲을 표현할 수 있는 '브릭'을 [작업 공간]에 추가해요.

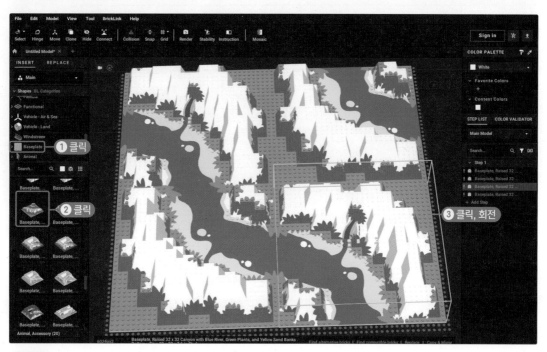

레고 TIP 사용한 브릭 : 'Baseplate, Raised 32 × 32 Canyou with Blue River'

03 울창한 숲과 어울리도록 [컬러 팔레트]를 이용하여 '브릭'의 색을 변경해요.

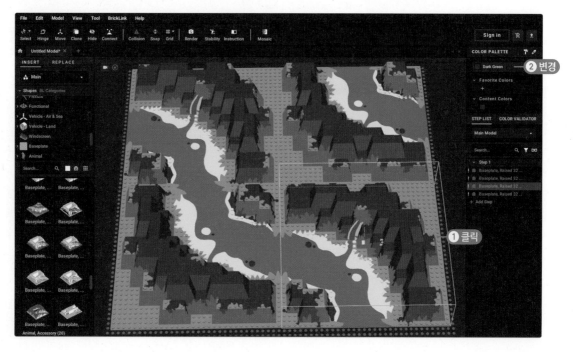

04 [빌딩 팔레트]의 'Plant'에서 잎 모양을 가져와 숲을 꾸며요.

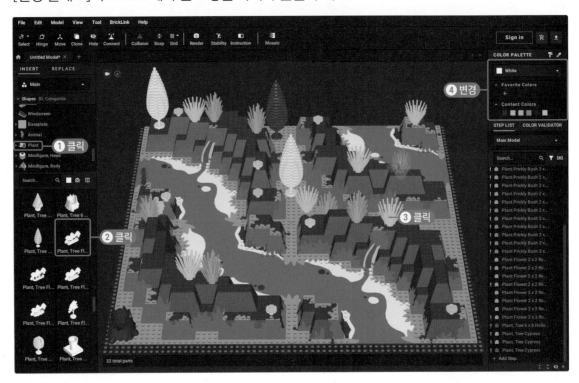

2 우글거리는 좀비 모습 표현하기

01 외부에서 캐릭터 모델을 가져오기 위해 [File]-[Import]-[Import Model]을 선택한 후 [Open File] 대화상자가 나타나면 '마크 캐릭터.io'를 선택하고 [열기]를 클릭해요.

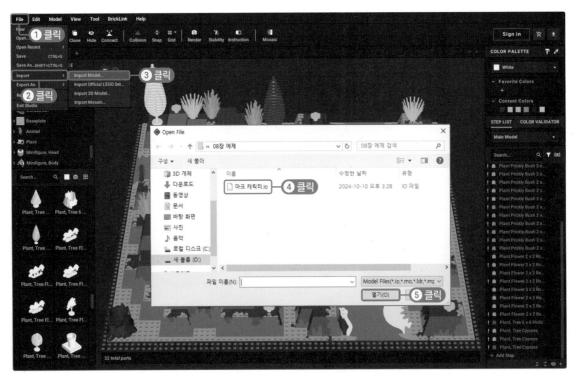

02 '마크 캐릭터'가 삽입되면 다른 '브릭'과 충돌하지 않도록 '마크 캐릭터'를 빈 공간으로 이동해요.

03 묶여 있는 모델을 풀기 위해 '마크 캐릭터'를 선택한 후 마우스 오른쪽 버튼을 클릭하고 [Submodel]
－[Release]를 선택해요.

04 모델이 풀리면 [빌딩 모음]의 [Clone()]으로 '좀비'를 숲에 복제하여 '좀비'가 우글거리는 모습을
표현해요.

05 숲 사이에 숨어 있는 '좀비 피그몬'을 표현해요.

06 '좀비'에 둘러 쌓인 '스티브'를 표현해요.

07 '앤더맨'과 눈이 마주쳐 도망가는 '알렉스'를 표현해요.

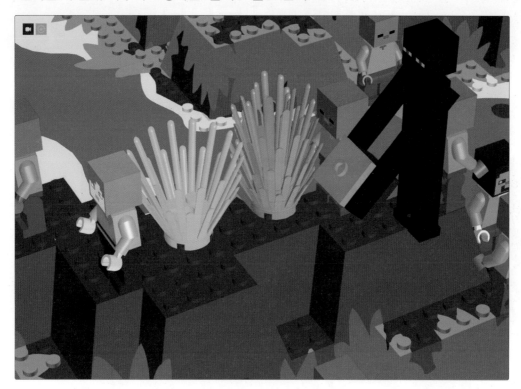

08 '상자'를 선택하고 마우스 오른쪽 버튼을 클릭해 [Submodel]–[Release]를 선택하여 연결된 모델을 풀어요. '상자'의 뚜껑을 열어 '칼'과 '곡괭이'를 보관해요.

09 [File]–[Save]를 선택하고 [Save File] 대화상자가 나타나면 '저장 위치'와 '파일 이름'을 입력한 후 [저장]을 클릭해요.

혼자서 미션 해결하기

실습파일 마크 캐릭터.io　　완성파일 눈 덮인 산(완성).io

01 [File]-[New]를 선택해 새로운 [작업 공간]을 생성한 후 'Baseplate'와 'Tile'을 이용하여 눈 덮인 산을 만들어 보세요.

02 외부에서 '마크 캐릭터' 모델을 가져와 '좀비 피그맨'을 잡는 '스티븐'과 '알렉스'를 표현해 보세요.

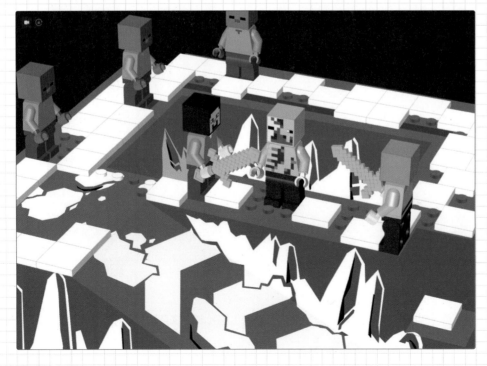

PART 2

피봇 애니메이터로
애니메이션 만들기

점과 선으로 이루어진 스틱맨을 움직이면서 프레임별로 애니메이션을 만드는
피봇 애니메이터를 활용해 애니메이션 제작의 기본 원리를 배우고
다양한 애니메이션을 만들어요.

09장 피봇 프로그램과 친해지기

피봇 애니메이터는 관절과 선이 연결된 스틱맨을 이용하여 쉽고 재미있게 애니메이션을 제작할 수 있는 프로그램이에요. 애니메이션의 주인공이라고 할 수 있는 스틱맨의 활용 방법을 알아봐요.

학습목표
● 피봇 프로그램의 화면 구성을 이해할 수 있습니다.
● 스틱맨의 활용 방법을 이해할 수 있습니다.
● 도구 사용 방법을 이해할 수 있습니다.

완성파일 연습(완성).Piv

미리보기

이런 기능을 활용해요

활용 기능	설명
● 조절점	스틱맨의 크기나 방향, 선의 길이 등을 조절할 수 있어요.
● 원점	스틱맨의 위치를 변경할 수 있어요.
Figure Colour(■)	스틱맨의 색을 변경할 수 있어요.
• Copy Figure (⎙) • Paste Figure (⎙)	스틱맨을 복제할 수 있어요.
• Lower (⎘) • Rasie (⎘)	스틱맨의 정렬 순서를 변경할 수 있어요.
Delete Figure (✖)	스틱맨을 삭제할 수 있어요.

01 피봇 아이콘( )을 더블 클릭하여 Pivot 프로그램을 실행해요.

02 피봇 프로그램이 실행되면 화면 구성을 확인해 보세요.

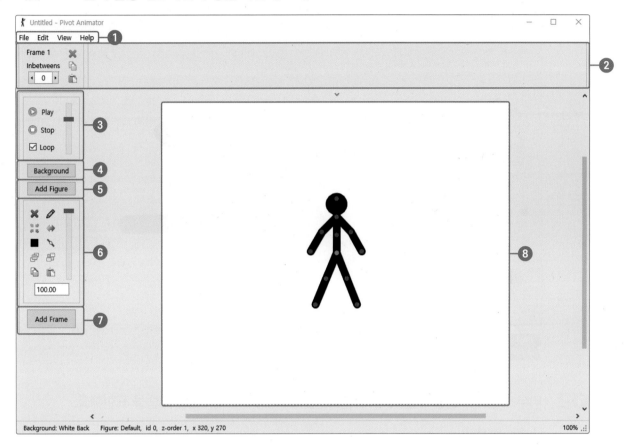

❶ **메뉴** : 새 파일, 저장, 텍스트 추가, 환경설정 등 피봇과 관련된 다양한 메뉴가 모여 있어요.

❷ **프레임** : 애니메이션을 만드는 프레임이 모이는 공간으로 프레임을 복제 또는 삭제하거나 프레임의 실행 속도를 조절할 수 있어요.

❸ **실행** : 완성된 애니메이션을 실행하거나 정지할 수 있어요.

❹ **Background** : 캔버스에 배경 그림을 추가할 수 있어요.

❺ **Add Figure** : 새로운 개체를 추가할 수 있어요.

❻ **도구 모음** : 애니메이션을 만들 때 사용하는 도구들이 모여 있어요.

❼ **Add Frame** : 캔버스에 그려진 모습을 프레임으로 저장해요.

❽ **캔버스** : 애니메이션을 만들 수 있는 공간이에요.

01 키보드에서 Alt + Shift 를 누른 채 ● 조절점을 드래그하여 스틱맨의 크기를 변경해요. 이어서 Ctrl + Alt 를 누른 채 ● 조절점을 드래그하여 스틱맨을 회전시켜요.

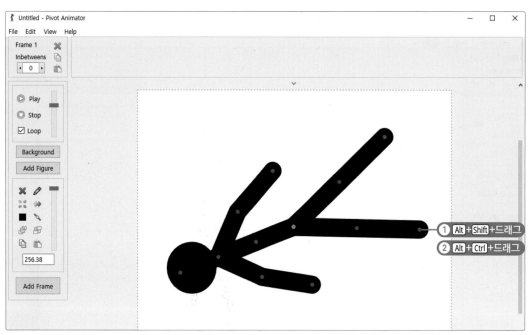

피봇 TIP Alt 만 누른 채 드래그하면 방향과 크기가 같이 변경돼요.

02 마우스 왼쪽 버튼을 누른 채 ● 조절점들을 드래그하여 자고 있는 모습을 표현해요.

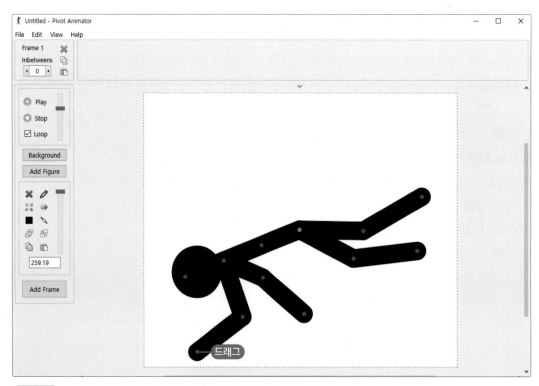

피봇 TIP Ctrl 를 누른 채 드래그하면 선의 길이를 조절할 수 있어요.

03 마우스 왼쪽 버튼으로 ● 원점을 드래그하여 스틱맨의 위치를 이동시켜요.

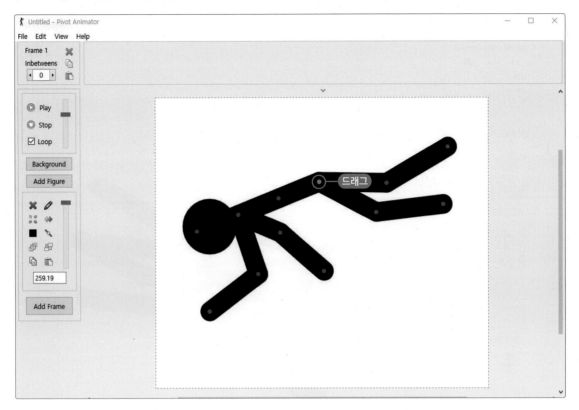

04 'Figure Colour(■)'를 클릭하여 [Color] 대화상자가 나타나면 변경할 스틱맨의 색을 선택한 후 [OK]를 클릭해요.

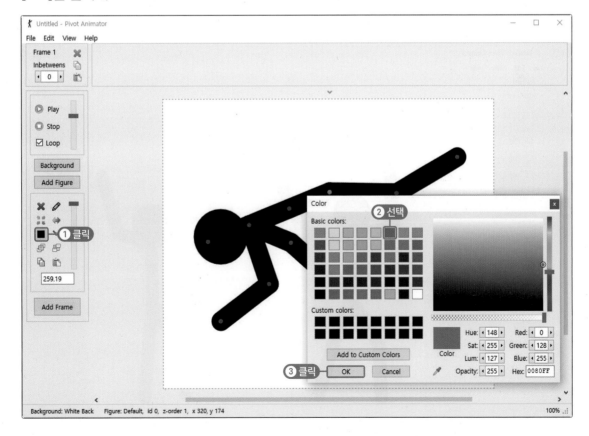

05 스틱맨을 복제하기 위해 'Copy Figure(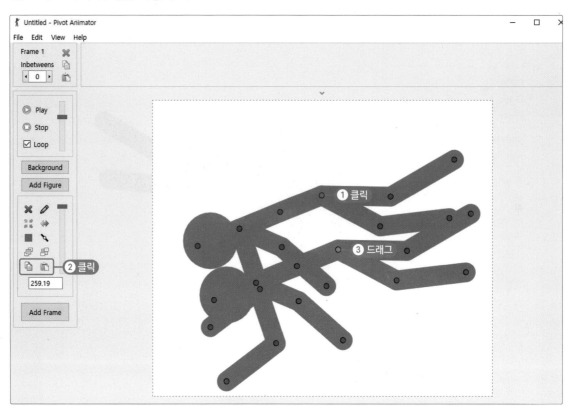)'와 'Paste Figure()'를 순서대로 클릭한 후 ● 원점을 드래그하여 위치를 이동해요.

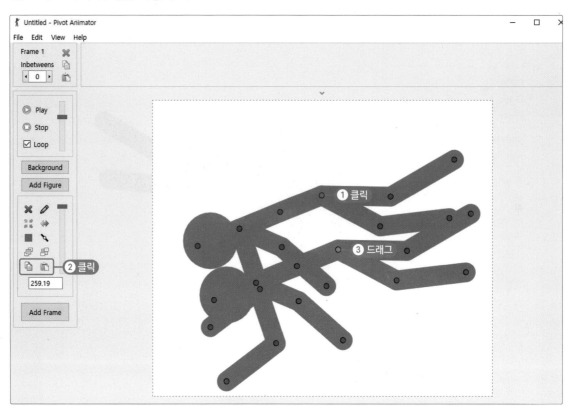

06 'Figure Colour(■)'로 스틱맨의 색을 변경한 후 ● 원점과 ● 조절점을 드래그하여 잠에서 깨서 기지개를 켜는 모습을 표현해요.

07 '슬라이드'를 조절하여 '스틱맨'의 투명도를 조절해요.

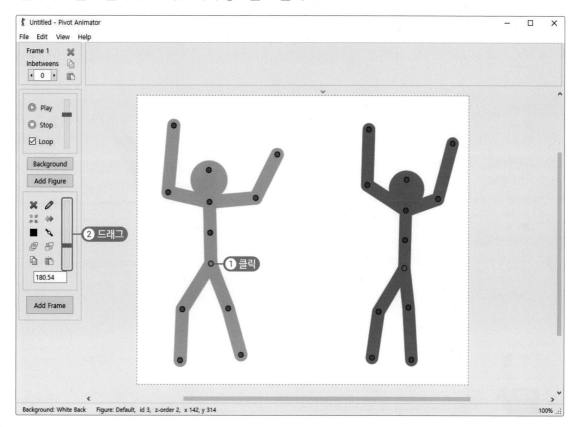

08 ● 원점을 드래그하여 스틱맨을 이동한 후 ● 조절점을 드래그하여 그림자처럼 표현해요.

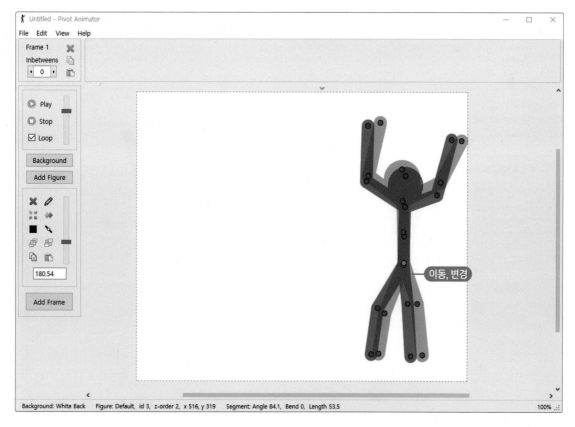

09 'Lower(⊟)'를 클릭하여 그림자 스틱맨의 정렬 순서를 맨 뒤로 이동해요.

피봇 TIP 'Rasie'는 스틱맨을 맨 앞으로 이동해요.

10 그림자 스틱맨을 선택한 후 'Delete Figure(✖)'를 클릭하여 스틱맨을 삭제해요.

11 01~10과 같은 방법으로 스틱맨을 복제하며 재미있는 모양을 만들어요.

혼자서 미션 해결하기

완성파일 슈퍼맨 스틱맨(완성).Piv

01 [File]-[New]를 선택하여 새 파일을 만들고 슈퍼맨 포즈의 스틱맨을 표현해 보세요.

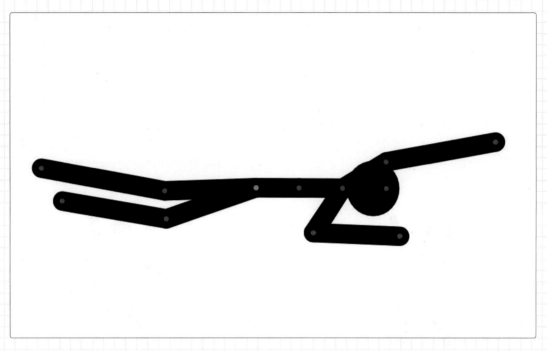

02 슈퍼맨 스틱맨을 복제하여 동료를 만들고 색을 자유롭게 변경해 보세요.

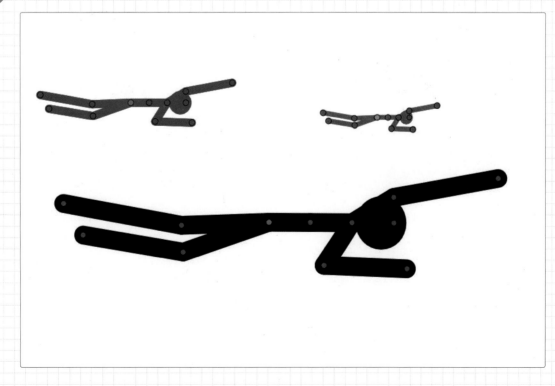

10장 댄서가 된 스틱맨

피봇 애니메이터의 'Inbetweens' 기능은 두 프레임 간의 변화를 이어주는 기능이에요. 이 기능을 이용하여 춤을 추는 댄서 스틱맨을 만들어요.

학습목표
- 스틱맨의 모습을 변경할 수 있습니다.
- 프레임을 추가하여 애니메이션 동작을 만들 수 있습니다.
- 프레임과 프레임 사이를 연결할 수 있습니다.

미리보기

완성파일 댄서 스틱맨(완성).piv, 댄서 스틱맨(완성).gif

이런 기능을 활용해요

활용 기능	설명
Add Frame	애니메이션 프레임을 추가해요.
Edit Figure Type (🖉)	스틱맨의 모습을 변경할 수 있어요.
Inbetweens	프레임과 프레임 사이를 자연스럽게 연결해요.
Play	애니메이션을 실행해요.
Stop	애니메이션 실행을 멈춰요.

스틱맨 옷 입히기

01 피봇 아이콘(⃗)을 더블 클릭하여 Pivot 프로그램을 실행해요.

02 스틱맨의 모습을 변경하기 위해 'Edit Figure Type(✎)'을 클릭해요.

03 [Figure Builder] 창이 나타나면 스틱맨의 '팔'을 클릭한 후 '▲'를 클릭하여 옷을 입은 것처럼 선의 두께를 두껍게 변경해요.

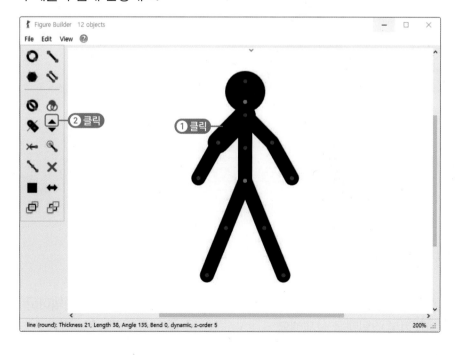

04 03과 같은 방법으로 '반대쪽 팔'과 '몸통', '허벅지'도 옷을 입은 것처럼 선의 두께를 조절해요.

05 'Segment Colour(■)'를 클릭하여 옷 부분의 선 색을 변경해요.

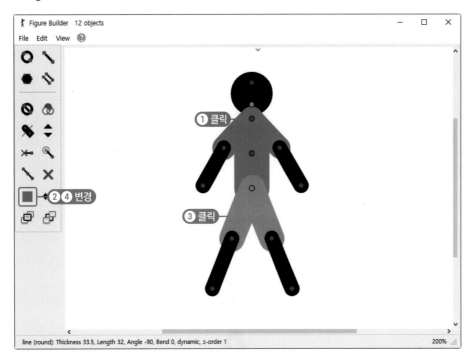

06 옷을 입은 스틱맨을 캔버스로 이동하기 위해 [File]-[Add To Animation]을 선택한 후 스틱맨의
이름("댄서 스틱맨")을 입력하고 [OK]를 클릭해요.

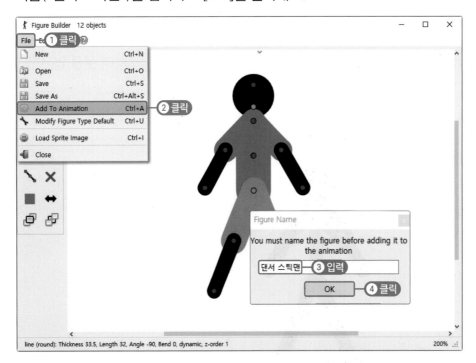

07 '댄서 스틱맨'이 추가되면 ● 원점을 드래그하여 위치를 이동해요. 기본 스틱맨을 선택하고 'Delete
Figure(✖)'를 클릭해 기본 스틱맨을 삭제해요.

2 댄스 애니메이션 만들기

01 Alt + Shift 를 누른 채 드래그하여 '댄서 스틱맨'의 크기를 변경한 후 [Add Frame]을 클릭하여 새로운 프레임을 추가해요.

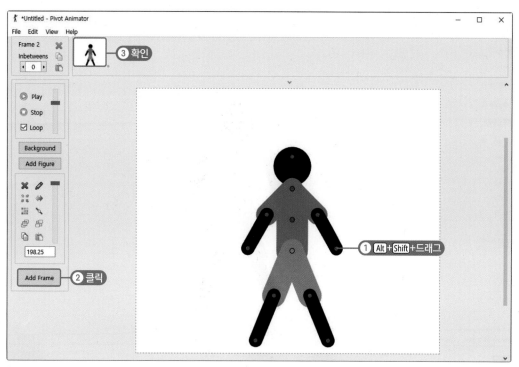

피봇 TIP 각각 다른 모습의 프레임이 쌓이면 애니메이션이 만들어져요.

02 댄스 동작을 만들기 위해 ● 조절점을 마우스 왼쪽 버튼을 누른 채 드래그하여 스틱맨의 모습을 변경한 후 [Add Frame]을 눌러 두 번째 프레임을 추가해요.

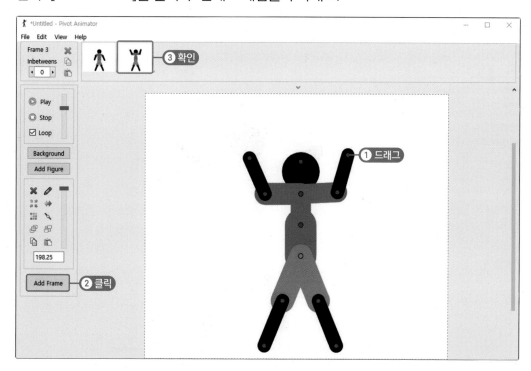

03 첫 번째 프레임과 두 번째 프레임의 동작이 자연스럽게 이어지도록 첫 번째 프레임을 선택한 후 'Inbetweens'의 값("10")을 변경해요.

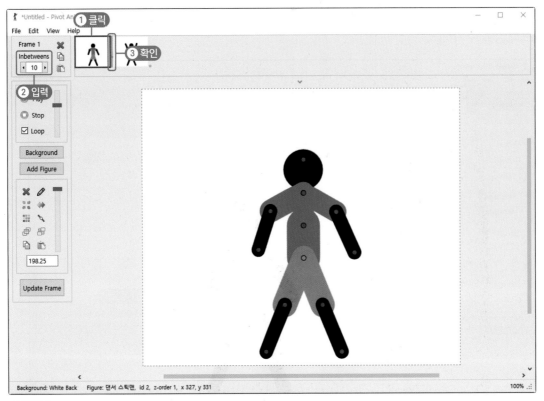

피봇 TIP 'Inbetweens'의 값이 클수록 애니메이션 동작이 느려져요.

04 'Play(▶ Play)'를 클릭하여 애니메이션 동작을 확인해요.

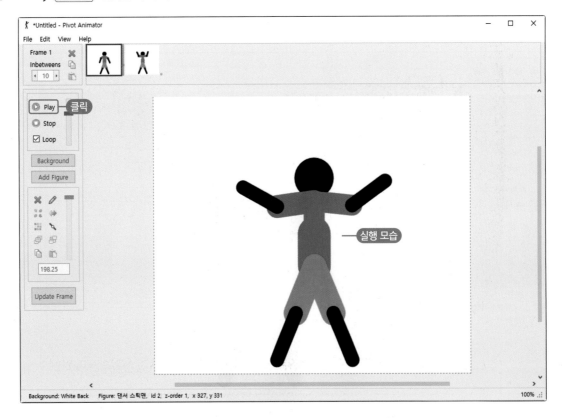

05 'Stop(⬤ Stop)'를 클릭하여 애니메이션 실행을 정지하고 **02~04**와 같은 방법으로 프레임을 추가하면서 댄스 동작을 완성해요.

• 3프레임

• 4프레임

• 5프레임

• 6프레임

• 7프레임

• 8프레임

• 9프레임

• 10프레임

06 첫 번째 프레임을 클릭하고 Shift를 누른 채 마지막 프레임을 클릭한 후 'Inbetweens'의 값("20")을 변경해요.

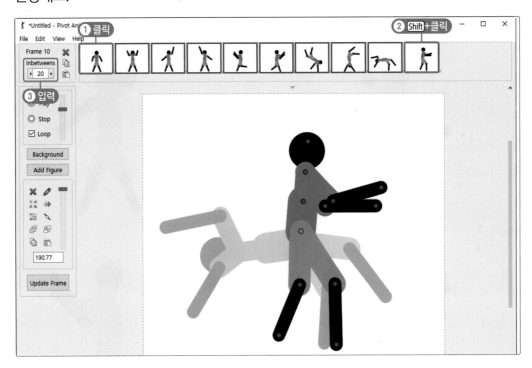

07 아무 프레임이나 클릭하여 [Confirm] 대화상자가 나타나면 [예]를 클릭하여 모든 프레임에 'Inbetweens' 값을 적용해요. 'Play(▶ Play)'를 클릭하여 애니메이션 동작을 확인해요.

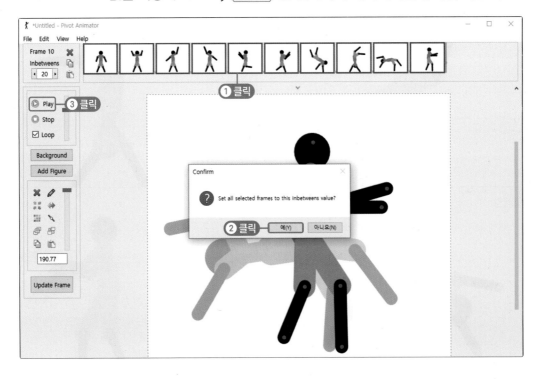

08 다음에도 편집할 수 있도록 완성된 파일을 저장하기 위해 [File]-[Save Animation]을 선택하고 [저장] 대화상자가 나타나면 '저장 위치'와 '파일 이름'을 입력한 후 [저장]을 클릭해요.

혼자서 미션 해결하기

완성파일 운동맨(완성).piv

01 [File]-[New]를 선택해 새 파일을 추가한 후 운동복을 입은 스틱맨을 표현해 보세요.

02 스틱맨이 PT 체조를 할 수 있도록 자유롭게 애니메이션을 완성해 보세요.
· 'Inbetweens' 값 : 10

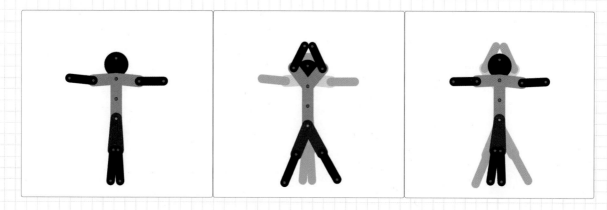

11장 숲을 산책하는 아이

피봇 애니메이터에서는 캔버스에서 사용할 수 있는 몇 가지 캐릭터를 제공하고 있어요. 다양한 모양의 스틱맨도 있고 사람의 관절을 연결하여 만든 그림도 있어요. 공원을 자연스럽게 산책하는 모습을 만들기 위해 사람 모양의 캐릭터를 활용하여 애니메이션을 완성해 봐요.

학습목표

- 피봇에서 제공하는 캐릭터를 불러올 수 있습니다.
- 공원을 산책하는 애니메이션을 완성할 수 있습니다.
- 완성된 애니메이션을 Gif 파일로 저장할 수 있습니다.

미리보기

실습파일 산책하는 아이.piv   완성파일 산책하는 아이(완성).piv, 산책하는 아이(완성).gif

이런 기능을 활용해요

활용 기능	설명
Load Figure Type	피봇에서 제공하는 캐릭터를 사용할 수 있어요.
Filp/Mirror Figure (⬌)	개체를 좌우로 뒤집을 수 있어요.
Export Animation	완성된 파일을 애니메이션 파일로 저장할 수 있어요.

01 피봇 아이콘(ꙭ)을 더블 클릭하여 Pivot 프로그램을 실행해요. [File]-[Open Animation]을 선택하여 [열기] 대화상자가 나타나면 '산책하는 아이.piv'를 선택한 후 [열기]를 클릭해요.

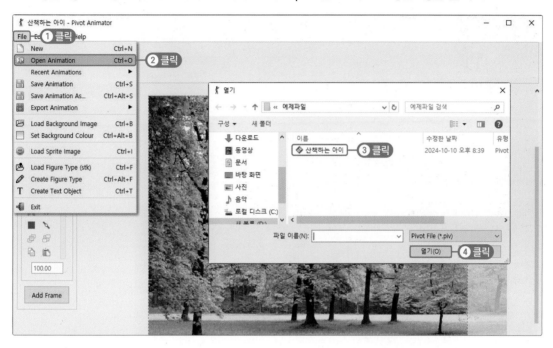

02 새로운 캐릭터를 추가하기 위해 [File]-[Load Figure Type(stk)]을 선택하고 [열기] 대화상자가 나타나면 'sprites_pete'를 선택한 후 [열기]를 클릭해요.

 [Pivot Animator] 대화상자가 나타나면 [확인]을 클릭해요.

01 캐릭터가 바로 서 있을 수 있도록 Alt 를 누른 채 ● 조절점을 드래그해요. ● 원점을 드래그하여 그림
과 같은 위치로 이동시켜요.

02 캐릭터가 뒤를 바라볼 수 있도록 'Filp/Mirror Figure( )'를 클릭해요.

03 프레임에 캐릭터를 추가하기 위해 [Add Frame]을 클릭해요. 불필요한 첫 번째 프레임을 삭제하기 위해 첫 번째 프레임에서 마우스 오른쪽 버튼을 클릭하고 [Delete]를 선택한 후 [Confirm] 대화상 자에서 [예]를 클릭해요.

04 ● 조절점을 드래그하여 걷는 모습을 표현한 후 ● 원점을 드래그하여 캐릭터가 앞으로 이동한 모습을 표현해요. [Add Frame]을 눌러 두 번째 프레임을 추가해요.

05 **04**와 같은 방법으로 캐릭터가 앞으로 걸어가도록 애니메이션을 완성해요.

06 첫 번째 프레임을 클릭하고 Shift를 누른 채 마지막 프레임을 클릭한 후 'Inbetweens'의 값("10")을 변경해요.

07 아무 프레임이나 클릭하여 [Confirm] 대화상자가 나타나면 [예]를 클릭해 모든 프레임에 'Inbetweens' 값을 적용해요.

08 'Play(▶ Play)'를 클릭하여 애니메이션 동작을 확인한 후 애니메이션의 속도가 빠르거나 느리면 'Inbetweens'의 값을 변경해요.

09 애니메이션 파일(Gif)로 저장하기 위해 [File]-[Export Animation]-[Animated GIF]를 선택해요. [Export Animation] 대화상자가 나타나면 '저장 위치'와 '파일 이름'을 입력한 후 [저장]을 클릭해요.

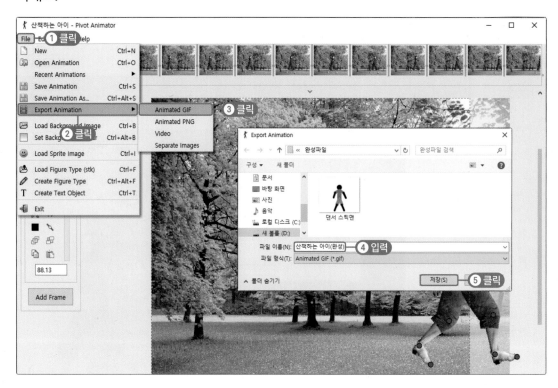

10 [Export Animation Gif] 대화상자가 나타나면 애니메이션이 반복되지 않도록 'Loop'의 체크를 해제하고 [Export]를 클릭해요.

11 [Video Exported Successfully] 대화상자가 나타나면 [Close]를 클릭해요.

혼자서 미션 해결하기

완성파일 디노(완성).piv, 디노(완성).gif

01 피봇 프로그램을 실행하고 [File]-[Load Figure Type(stk)]를 선택해 'dino'를 불러온 후 기존 스틱맨은 삭제해 보세요.

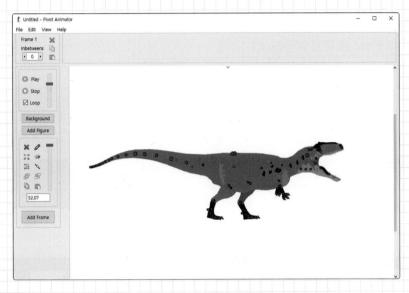

02 프레임을 추가하며 'dino'가 울부짖는 모습을 애니메이션으로 표현해 보세요.
- 'Inbetweens' 값 : 10

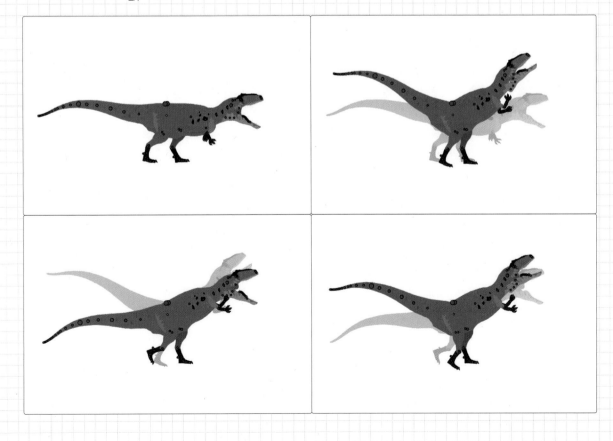

12 장 아무에게도 들키지 않는 스틱맨

피봇 애니메이터에서는 주어진 스틱맨뿐만 아니라 개체를 직접 만들어 사용할 수도 있어요. 'Edit Figure Type'으로 조명을 만들고 어두운 집안에서 스스로 켜지는 조명을 끄러 다니는 애니메이션을 만들어요.

학습목표

● 'Edit Figure Type'을 이용해 새로운 개체를 그릴 수 있습니다.
◐ 개체를 복제하여 캔버스를 꾸밀 수 있습니다.
◐ 스토리를 담은 애니메이션을 완성할 수 있습니다.

미리보기

실습파일 스틱맨의 그림자.piv   완성파일 스틱맨의 그림자(완성).piv, 스틱맨의 그림자(완성).gif

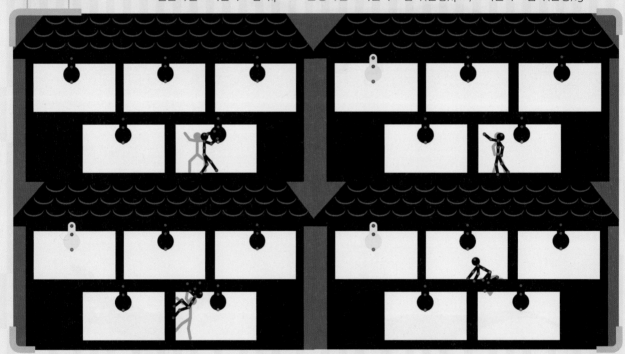

이런 기능을 활용해요

활용 기능	설명
Edit Figure Type (✏)	스틱맨의 모습을 변경할 수 있어요.
Add Frame	애니메이션 프레임을 추가해요.
Inbetweens	프레임과 프레임 사이를 자연스럽게 연결해요.
Figure Colour (■)	개체의 색깔을 변경할 수 있어요.
· Copy Figure (📋) · Paste Figure (📋)	개체를 복제할 수 있어요.

1 조명 설치하기

01 피봇 아이콘(🏃)을 더블 클릭하여 Pivot 프로그램을 실행해요. [File]-[Open Animation]을 선택하고 [열기] 대화상자가 나타나면 '스틱맨의 그림자.piv'를 선택한 후 [열기]를 클릭해요.

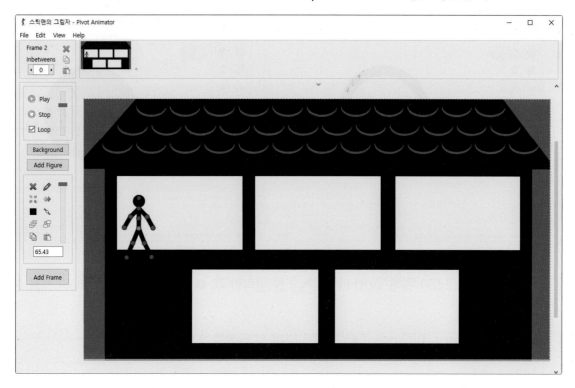

02 새로운 개체를 그리기 위해 'Edit Figure Type(✏️)'을 클릭한 후 [Figure builder] 창이 나타나면 [File]-[New]를 선택해요.

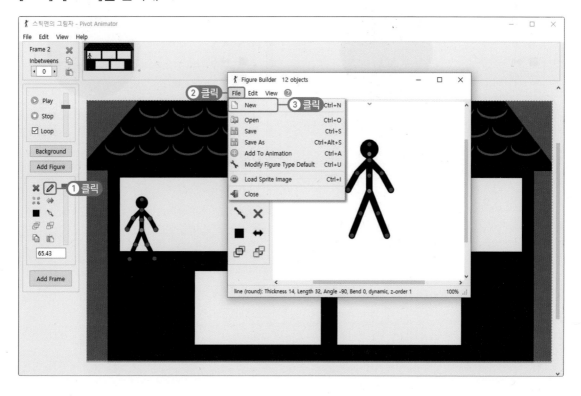

03 '직선'을 '원'으로 변경하기 위해 'Toggle segment Kind(⊘)'를 클릭해요.

04 원 안에 색을 칠하기 위해 'Change circle Fill(⊛)'을 클릭해요.

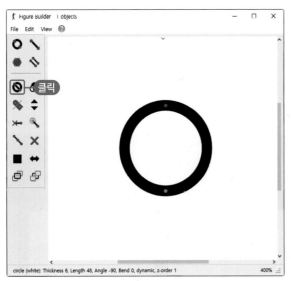
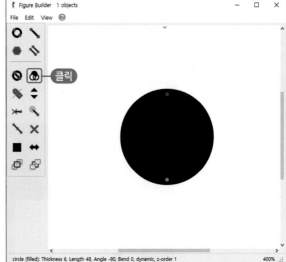

05 조명의 소켓을 그리기 위해 'Add Line(✎)'를 클릭한 후 ● 조절점에서 드래그하여 선을 하나 연결해요.

06 이어서 'Segment thickness(▲)'를 클릭하여 선 두께를 조절해요.

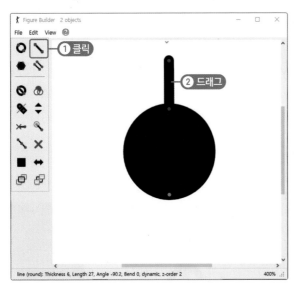
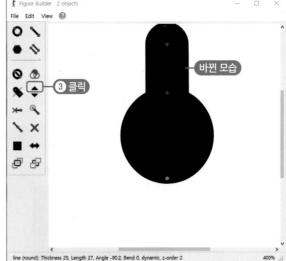

07 [File]-[Add to Animation]을 선택하고 [Figure Name] 대화상자가 나타나면 이름("조명")을 입력한 후 [OK]를 클릭해요.

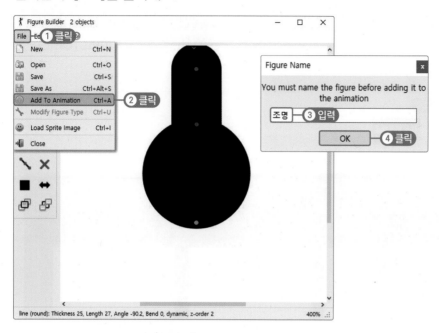

08 캔버스에 추가된 조명을 선택하고 'Copy Figure(📋)'와 'Paste Figure(📋)'를 순서대로 클릭하여 복제한 후 방마다 조명을 설치해 보세요.

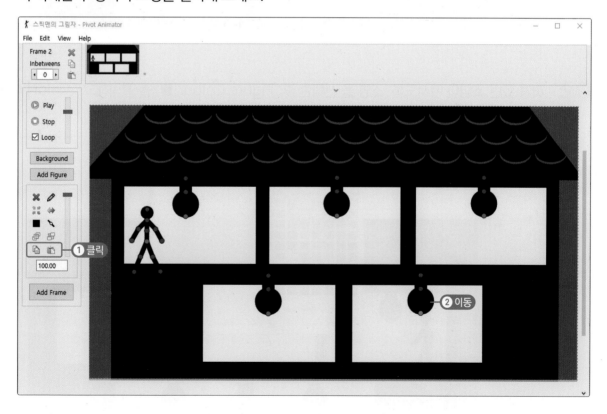

01 조명을 끄러 다니는 스틱맨 애니메이션을 만들기 위해 '스틱맨'의 모습을 걷는 모습으로 변경한 후 [Add Frame]을 클릭해요. 첫 번째 프레임을 마우스 오른쪽 버튼으로 클릭하고 [Delete]를 선택해 불필요한 프레임을 삭제해요.

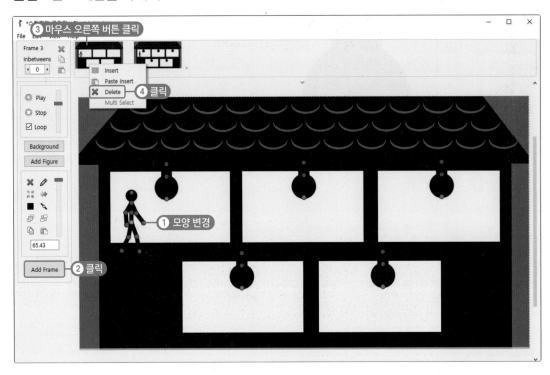

02 꺼져 있던 조명이 켜지도록 '조명'을 선택한 후 'Figure Colour(■)'를 클릭해요. [Color] 대화상자 가 나타나면 색을 '노란색'으로 변경한 후 [OK]를 클릭해요.

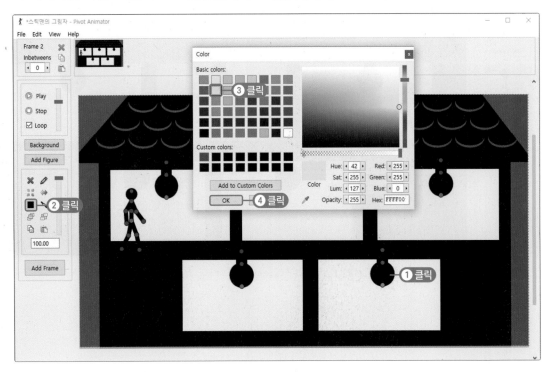

03 '스틱맨'이 '조명'을 끄러 조명이 켜진 위치로 이동하도록 위치와 모습을 변경한 후 [Add Frame]을 클릭해요.

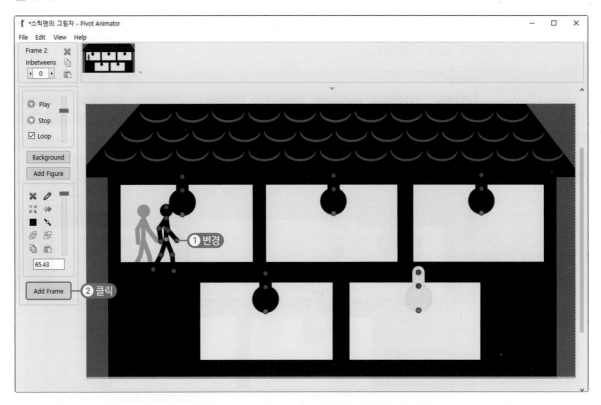

04 02~03과 같은 방법으로 애니메이션을 완성해 보세요.

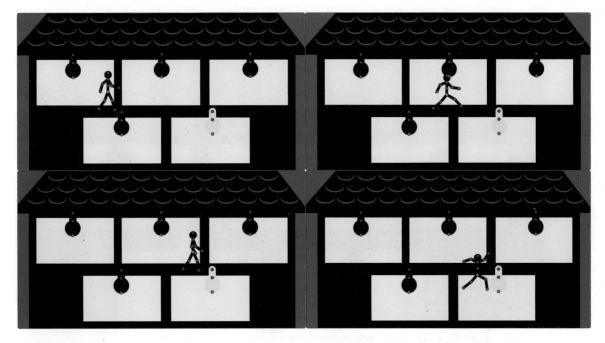

05 애니메이션이 완성되면 첫 번째 프레임을 클릭하고 Shift를 누른 채로 마지막 프레임을 클릭한 후 'Inbetweens'의 값("10")을 변경해요.

06 아무 프레임이나 클릭하여 [Confirm] 대화상자가 나타나면 [예]을 클릭하여 모든 프레임에 'Inbetweens' 값을 적용해요.

07 'Play(▶ Play)'를 클릭하여 애니메이션 동작을 확인하고 애니메이션의 속도가 빠르거나 느리면 'Inbetweens' 값을 변경해요.

08 애니메이션 파일(Gif)로 저장하기 위해 [File]-[Export Animation]-[Animated GIF]를 선택하고 [Export Animation] 대화상자가 나타나면 '저장 위치'와 '파일 이름'을 입력한 후 [저장]을 클릭해요.

혼자서 미션 해결하기

실습파일 꽃을 찾는 나비.piv　　완성파일 꽃을 찾는 나비(완성).piv, 꽃을 찾는 나비(완성).gif

01 '꽃을 찾는 나비.piv' 파일을 열어 'Edit Figure Type'으로 나비를 그려 보세요.

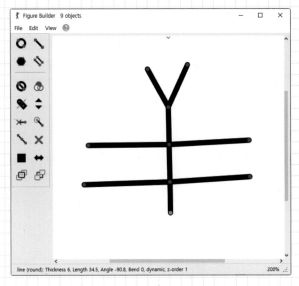
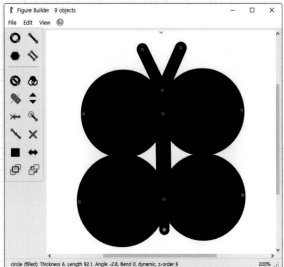

Hint | 'Split segment(✎)'로 선을 나누고 'Add Line(✎)'으로 선을 그려요

02 나비가 날아다니는 모습을 애니메이션으로 표현해 보세요.
· 'Inbetweens' 값 : 10

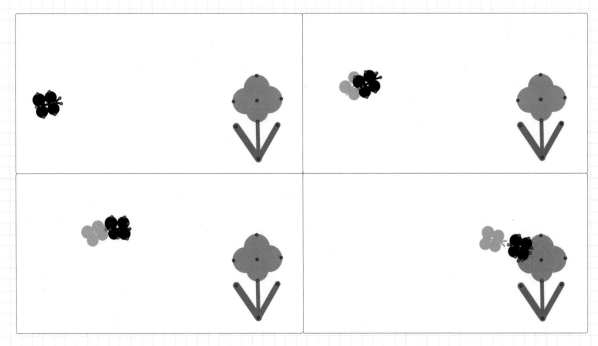

13장 자전거 타는 스틱맨

피봇 애니메이터에서 'join' 기능을 이용하면 떨어져 있는 개체를 하나로 연결할 수 있어요. 자전거를 타는 스틱맨의 팔과 다리가 자전거를 전부 가리지 않도록 나눠져 있는 팔과 다리를 몸에 연결해 자전거를 타는 모습을 표현해요.

학습목표

● 원점을 연결하여 떨어져 있는 개체를 연결할 수 있습니다.
◐ 개체의 정렬 순서를 변경할 수 있습니다.

미리보기

실습파일 자전거 타는 스틱맨.piv   완성파일 자전거 타는 스틱맨(완성).piv, 자전거 타는 스틱맨(완성).gif

이런 기능을 활용해요

활용 기능	설명
Join (🔧)	떨어져 있는 두 개체를 하나로 연결할 수 있어요.
• Lower (▦) • Rasie (▦)	스틱맨의 정렬 순서를 변경할 수 있어요.
Add Frame	애니메이션 프레임을 추가해요.
Inbetweens	프레임과 프레임 사이를 자연스럽게 연결해요.

01 피봇 아이콘( )을 더블 클릭하여 Pivot 프로그램을 실행한 후 [File]−[Open Animation]을 선택해요. [열기] 대화상자가 나타나면 '자전거 타는 스틱맨.piv'를 선택하고 [열기]을 클릭해요.

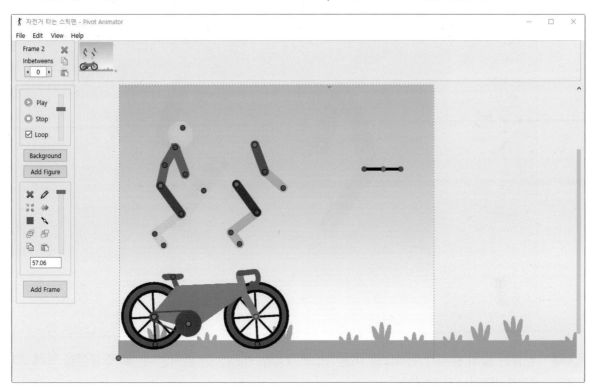

02 캐릭터에 팔을 연결하기 위해 떨어져 있는 팔의 ● 원점을 선택한 후 'Join( )'을 클릭해요.

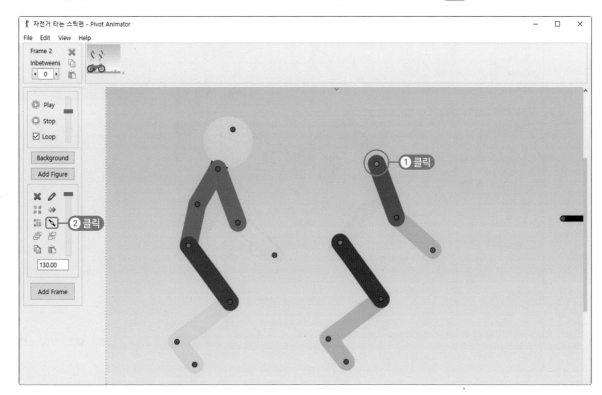

03 조절점이 모두 흰색으로 바뀌면 캐릭터 어깨에 있는 흰색 점을 클릭해요.

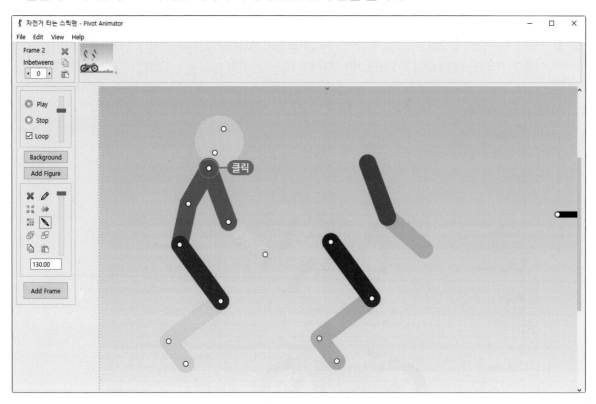

04 연결된 팔의 순서가 뒤쪽으로 이동하도록 'Lower(▣)'를 클릭한 후 ● 조절점을 드래그하여 팔이
잘 연결되었는지 확인해요.

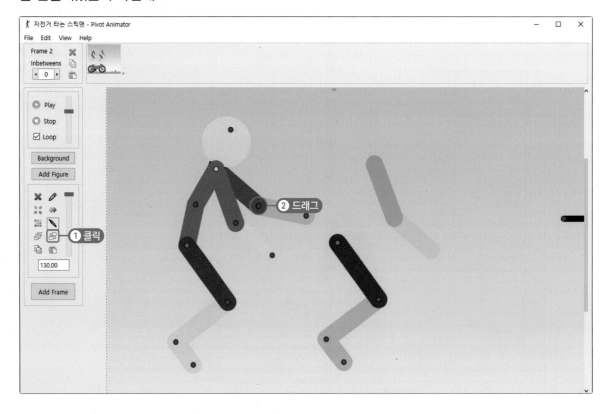

05 떨어져 있는 다리도 **02~04**와 같은 방법으로 연결한 후 순서를 변경해요.

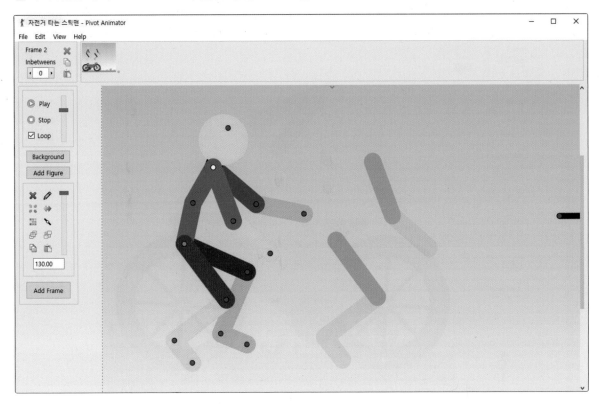

06 캐릭터와 자전거를 연결하기 위해 캐릭터의 ● 원점을 선택한 후 'Join(🔧)'을 클릭해요.

07 조절점이 전부 흰색으로 바뀌면 자전거 안장에 있는 흰색 점을 클릭해요.

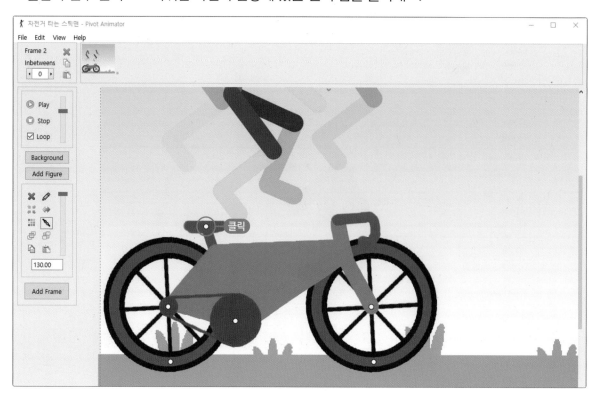

08 캐릭터가 자전거 앞으로 이동하도록 'Raise(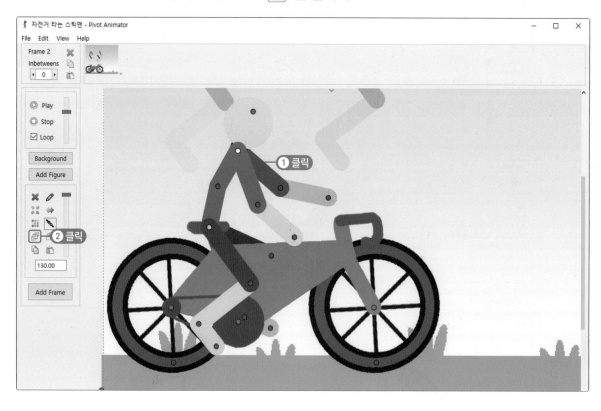)'를 클릭해요.

09 ● 조절점을 드래그하여 캐릭터의 크기를 변경해요.

10 02~04와 같은 방법으로 페달을 자전거에 연결한 후 ● 조절점을 드래그하여 크기를 조절해요.

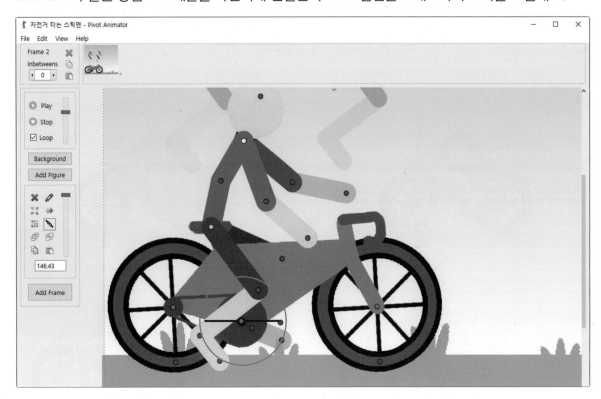

11 Ctrl을 누른 채 ● 조절점을 드래그하여 캐릭터가 자전거를 타는 모습을 표현해요.

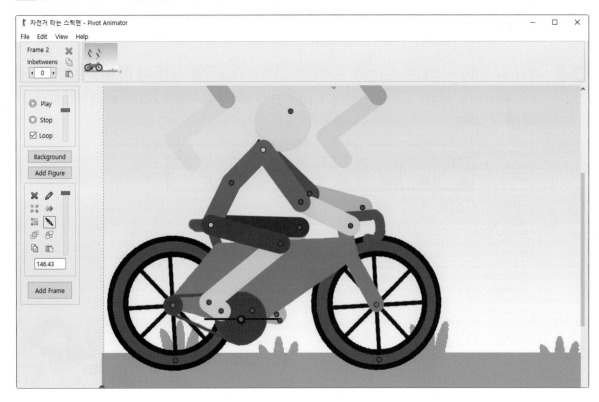

12 완성한 모습을 프레임에 적용하기 위해 [Add Frame]를 클릭한 후 불필요한 첫 번째 프레임은 삭제해요.

2 애니메이션 만들기

01 스틱맨이 자전거 타는 모습을 애니메이션으로 표현해 봐요.

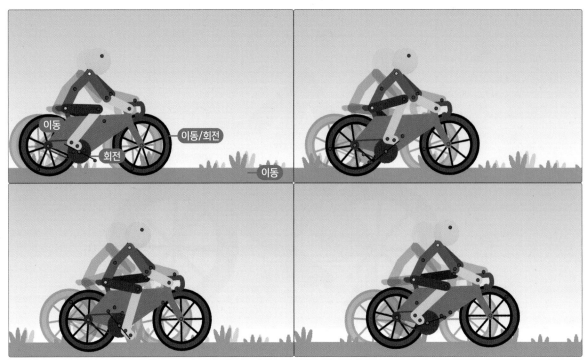

피봇 TIP
· 자전거를 탈 때 잔디밭도 왼쪽으로 조금씩 이동하도록 표현해요.
· 자전거와 바퀴가 연결되어 있지 않으므로 자전거가 앞으로 이동할 때 바퀴도 이동시켜야 해요.

02 애니메이션이 완성되면 첫 번째 프레임을 클릭하고 Shift 를 누른 채 마지막 프레임을 클릭한 후 'Inbetweens'의 값("10")을 변경해요. 아무 프레임이나 클릭하여 [Confirm] 대화상자가 나타나면 [예]를 클릭해요.

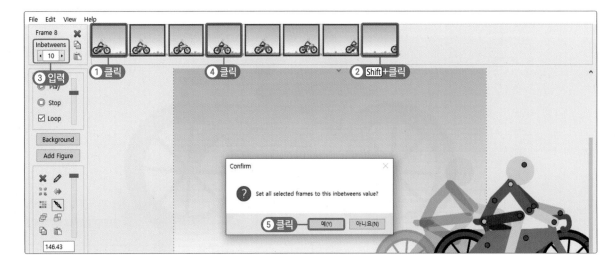

03 'Play(▶ Play)'를 클릭하여 애니메이션 동작을 확인한 후 [File]-[Export Animation]-[Animated GIF]를 선택해 애니메이션 파일(Gif)로 저장해요.

혼자서 미션 해결하기

실습파일 포도.piv   완성파일 포도(완성).piv, 포도(완성).gif

01 포도알을 복제하여 포도 가지에 포도알을 붙여 보세요.

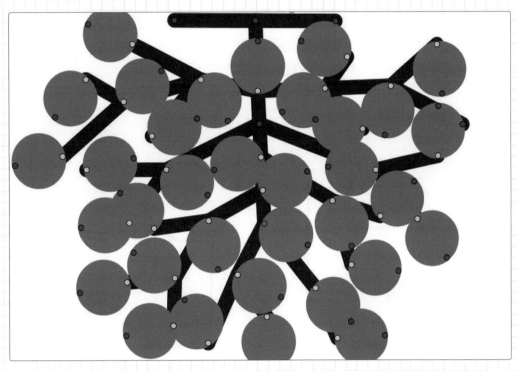

02 'Join( )' 기능을 이용해 포토알이 흔들리는 모습을 애니메이션으로 완성해 보세요.

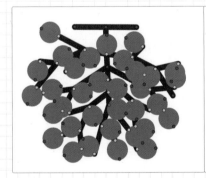 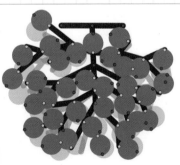 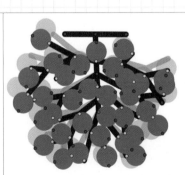

14장 파크루하는 날쌘돌이 스틱맨

'Edit Figure Type' 기능을 이용해 애니메이션에 필요한 건물을 직접 그리고 스틱맨이 파크루하는 모습을 상상하며 장면 하나하나를 표현해 봐요.

학습목표

● 선을 이용하여 건물을 그릴 수 있어요.
◌ 'Add Polygon'을 이용하여 선을 면으로 변경할 수 있어요.
● 프레임 중간에 프레임을 추가하여 애니메이션을 수정할 수 있어요.

미리보기

완성파일 파크루 스틱맨(완성).piv, 파크루 스틱맨(완성).gif

이런 기능을 활용해요

활용 기능	설명	활용 기능	설명
Edit Figure Type (✏)	스틱맨의 모습을 변경할 수 있어요.	Add Line (✎)	개체에 선을 추가해요.
Add Frame	애니메이션 프레임을 추가해요.	Add Polygon (⬡)	개체에 면을 만들어 색을 칠해요.
Inbetweens	프레임과 프레임 사이를 자연스럽게 연결해요.	Filp/Mirror Figure (⇨)	개체의 좌우를 반전시켜요.

1 캔버스 크기 변경하기

01 피봇 아이콘(🧍)을 더블 클릭하여 Pivot 프로그램을 실행해요. 캔버스의 크기를 변경하기 위해
[Edit]-[Options]를 선택하고 [Options] 대화상자가 나타나면 'Width(너비)'의 크기를 '1200'으
로 변경한 후 [OK]를 클릭해요.

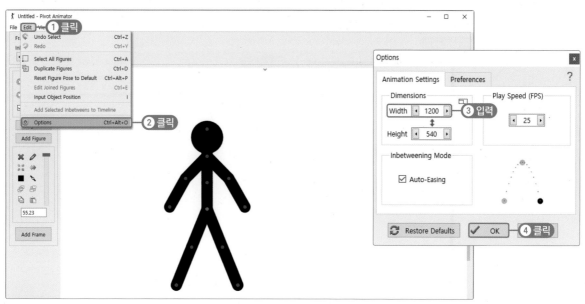

 캔버스의 크기는 자유롭게 변경해도 좋아요.

2 건물 그리기

01 캔버스에 건물을 그리기 위해 'Edit Figure Type(✏️)'를 클릭한 후 [Figure Builder] 창이 나타나
면 [File]-[New]를 선택해요.

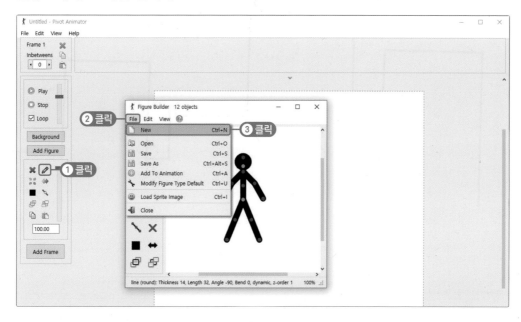

02 [Ctrl]을 누른 채 ● 조절점을 드래그하여 건물의 높이를 맞춰요.

03 'Add Line(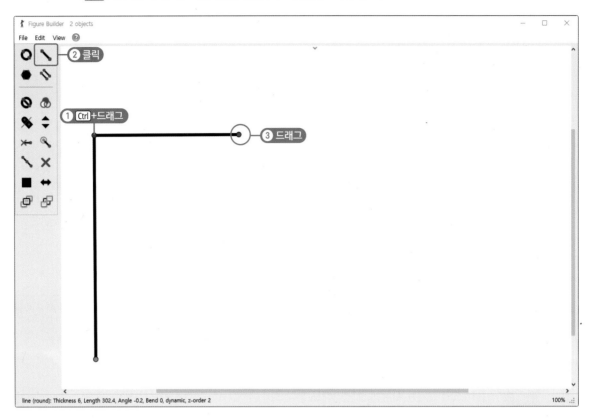)'을 클릭해 새로운 선을 만들어 옥상을 표현해 봐요.

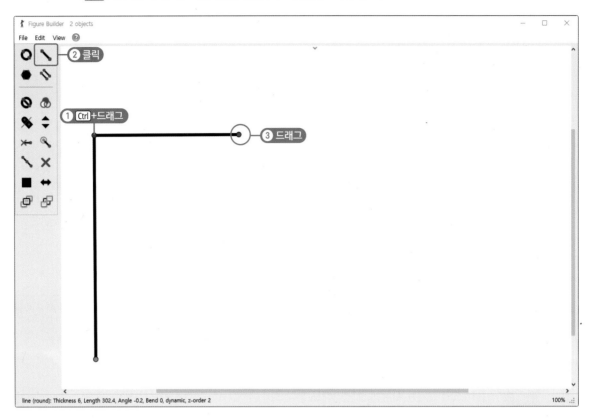

04 **02~03**과 같은 방법으로 스틱맨이 파쿠르를 할 수 있는 건물을 완성해요.

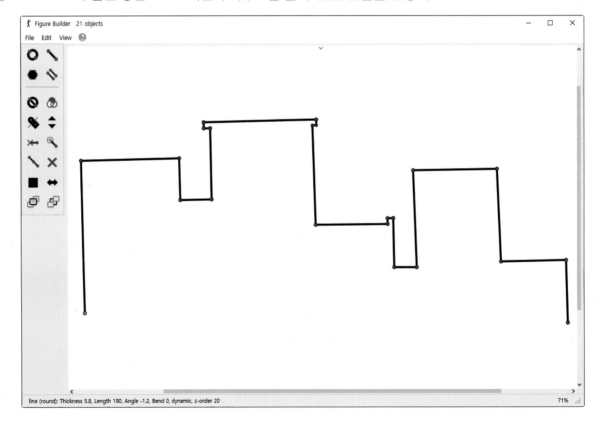

05 건물이 완성되면 [File]-[Add To Animation]을 선택하고 [Figure Name] 대화상자가 나타나면 이름("건물")을 입력한 후 [OK]를 클릭해요.

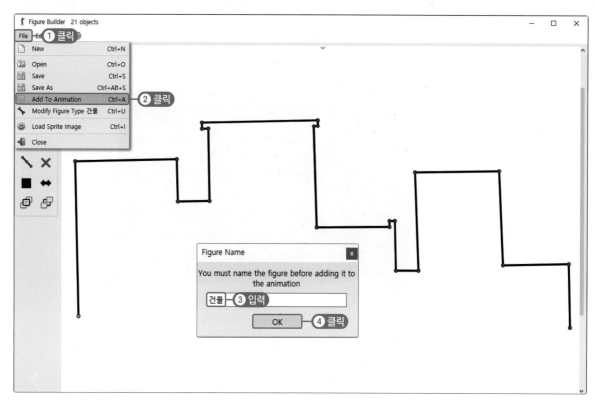

06 건물에 창문을 추가하기 위해 'Edit Figure Type(✏️)'을 클릭한 후 [Figure Builder] 창이 나타나면 [File]-[New]를 클릭해요. 이어서 'Add Line(✏️)'을 이용해 선을 그려요.

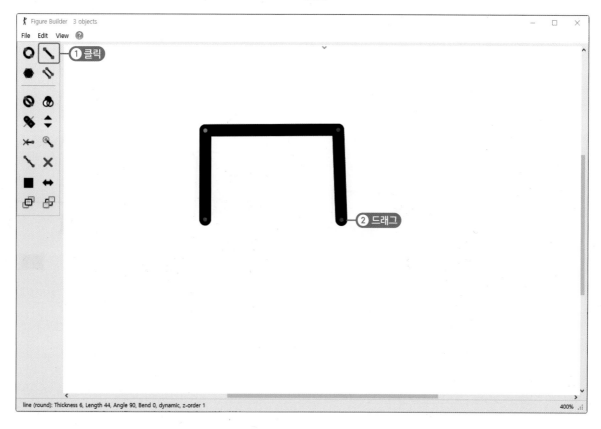

07 선에 색을 채우기 위해 'Add Polygon(⬢)'을 클릭한 후 조절점을 하나씩 클릭해요.

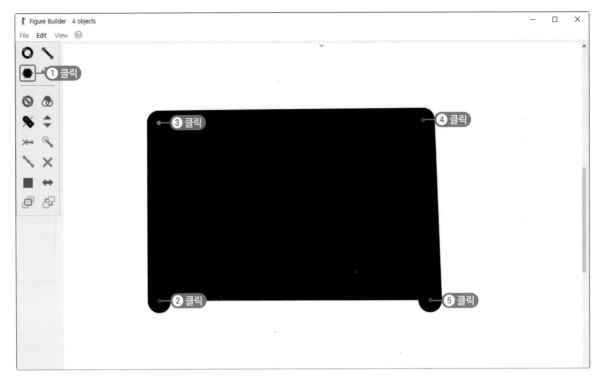

> **피봇 TIP** 조절점을 클릭하면 클릭한 조절점 안쪽이 면으로 채워져요.

08 창문이 완성되면 [File]-[Add To Animation]을 선택하고 [Figure Name] 대화상자가 나타나면 이름("창문")을 입력한 후 [OK]를 클릭해요. 캔버스에 추가된 창문을 복제하여 건물을 꾸며요.

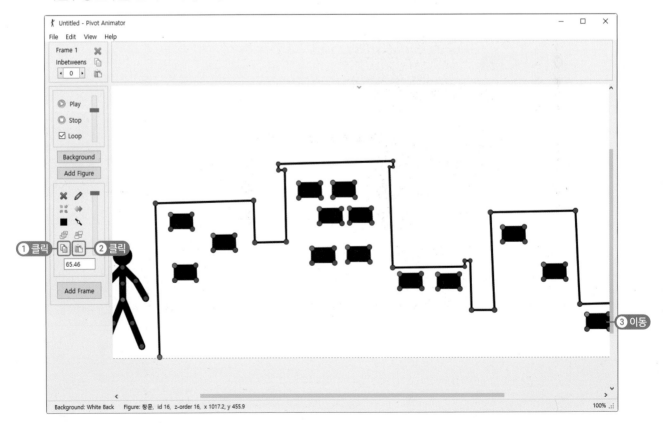

01 '스틱맨'의 크기를 건물과 어울리도록 조절한 후 [Add Frame]을 눌러 프레임을 추가해요.

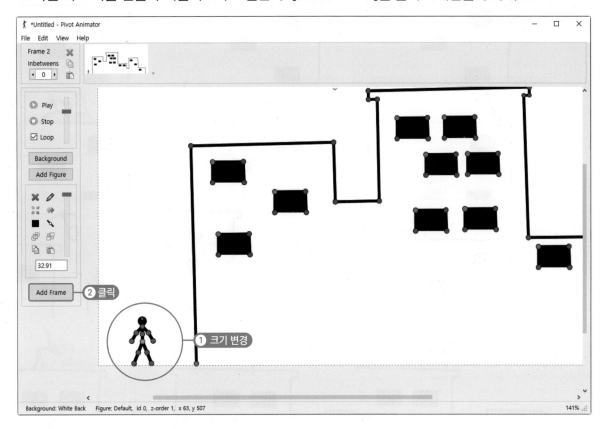

02 프레임을 추가하며 '스틱맨'이 건물을 올라가는 모습을 표현해요.

03 건물 위로 올라간 '스틱맨'이 건물을 뛰어다니도록 애니메이션을 완성해 보세요.

'*Filp(➡)*'을 활용해 스틱맨을 좌우 반전시킬 수 있어요.

04 동작이 완성되면 프레임을 하나씩 선택해 동작에 맞춰 'Inbetweens'의 값을 변경해요.

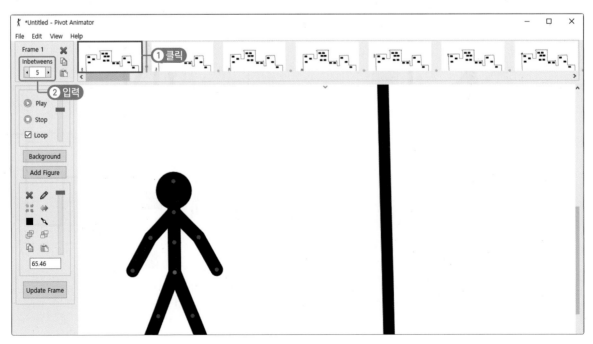

05 애니메이션이 완성되면 'Play(ⓞ Play)'를 클릭해 애니메이션 동작을 확인하고 'Stop(ⓞ Stop)'을 클릭해요. 동작이 부자연스러운 프레임에서 마우스 오른쪽 버튼을 클릭해 [Insert]를 선택하여 선택한 프레임 뒤에 프레임을 복제해요.

06 추가된 프레임의 동작이 다음 프레임과 연결되도록 수정한 후 [Update Frame]을 클릭해요.

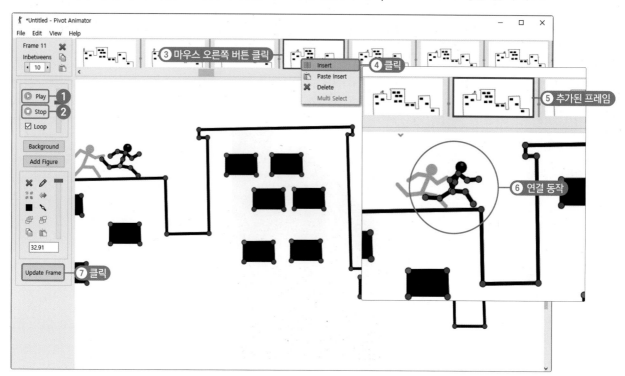

07 애니메이션이 완성되면 [File]-[Export Animation]-[Animated GIF]를 선택하고 [Export Animation] 대화상자가 나타나면 '저장 위치'와 '파일 이름'을 입력한 후 [저장]을 클릭해요.

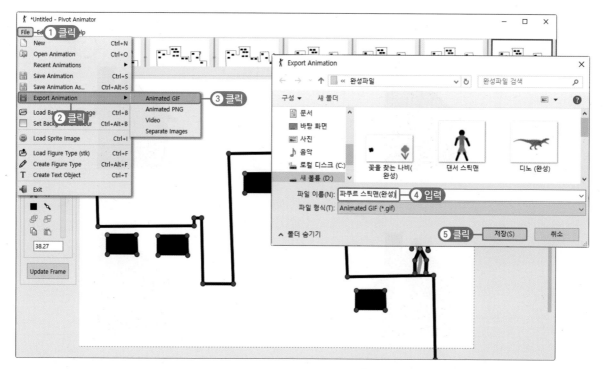

혼자서 미션 해결하기

완성파일 굴뚝(완성).piv, 굴뚝(완성).gif

01 피봇을 실행한 후 'Edit Figure Type(✏)'을 클릭하여 굴뚝이 있는 집을 그려 보세요.

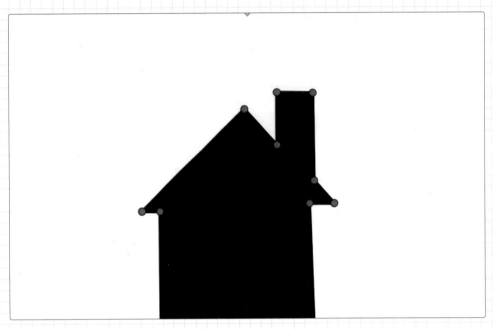

02 'Edit Figure Type(✏)'을 클릭하여 연기를 그린 후 굴뚝에서 연기가 빠져나오는 모습을 애니메이션으로 표현해 보세요.

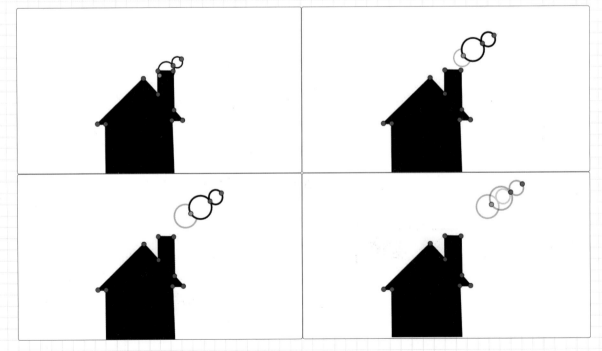

> **Hint** 애니메이션을 적용할 때 투명도를 같이 적용하면 개체가 서서히 사라지는 효과를 만들 수 있어요.

15장 월드컵에 출전한 스틱맨

피봇 애니메이터에서는 외부 이미지를 가져와 애니메이션을 만들 때 사용할 수 있어요. 피봇에서 그리기 힘든 축구공을 가져와 원점을 설정하고 축구하는 스틱맨 애니메이션을 완성해요.

학습목표

- ● 외부에서 축구공 이미지를 가져와 원점을 설정할 수 있습니다.
- ○ 개체의 정렬 순서를 변경할 수 있습니다.

미리보기

실습파일 축구하는 스틱맨.piv, 축구공.png   완성파일 축구하는 스틱맨(완성).piv, 축구하는 스틱맨(완성).gif

   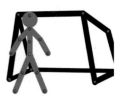

이런 기능을 활용해요

활용 기능	설명
Edit Figure Type (✏)	스틱맨의 모습을 변경할 수 있어요.
Load Sprite Image	외부 이미지를 가져와 개체로 사용할 수 있어요.
• Lower (⬓) • Rasie (⬒)	스틱맨의 정렬 순서를 변경할 수 있어요.
Add Frame	애니메이션 프레임을 추가해요.
Inbetweens	프레임과 프레임 사이를 자연스럽게 연결해요.

축구공 원점 설정하기

01 피봇 아이콘(✗)을 더블 클릭하여 Pivot 프로그램을 실행해요. [File]-[Open Animation]을 선택하고 [열기] 대화상자가 나타나면 '축구하는 스틱맨.piv'를 선택한 후 [열기]를 클릭해요.

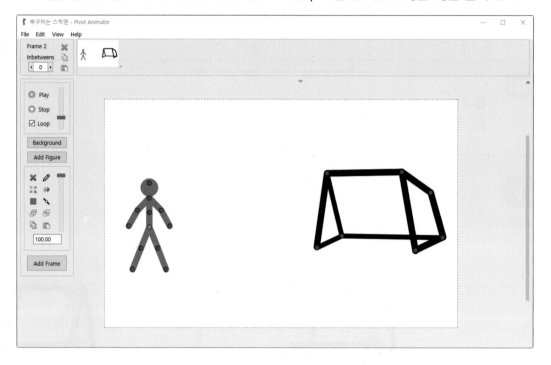

02 외부에서 축구공 이미지를 가져오기 위해 'Edit Figure Type(✏️)'을 클릭한 후 [Figure Builder] 창이 나타나면 [File]-[New]를 선택해요.

03 이어서 [File]-[Load Sprite Image]를 선택하고 [열기] 대화상자가 나타나면 '축구공'을 선택한 후 [열기]를 클릭해요.

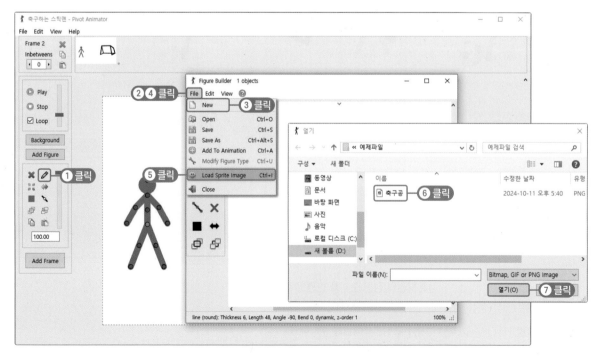

04 [Set Sprite Handles] 창이 나타나면 ● 원점을 축구공 중심으로 이동하고 ● 조절점을 축구공 테두리로 이동한 후 [OK]를 클릭해요.

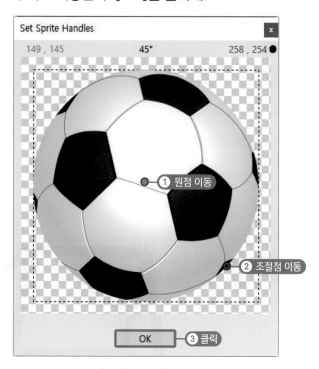

05 [Figure Builder] 창에 축구공이 추가되면 ● 원점을 클릭한 후 위쪽에 나타난 파란색 점을 선택하고 'Delete(❌)'를 클릭하여 불필요한 조절점을 삭제해요.

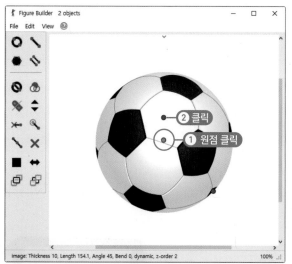 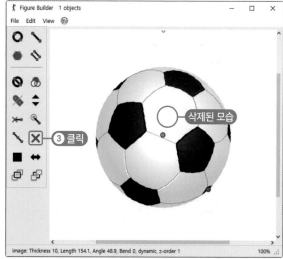

피봇 TIP '축구공' 이미지에 다른 개체를 추가할 것이 아니므로 파란색으로 나타난 조절점을 삭제해요.

06 [File]-[Add To Animation]을 선택하고 [Figure Name] 대화상자가 나타나면 이름("축구공")을 입력한 후 [OK]를 클릭해요.

2 축구 애니메이션 만들기

01 캔버스에 '축구공'이 추가되면 Alt + Shift 를 누른 채 ● 조절점 드래그하여 스틱맨에 어울리도록 축구
공의 크기를 조절해요.

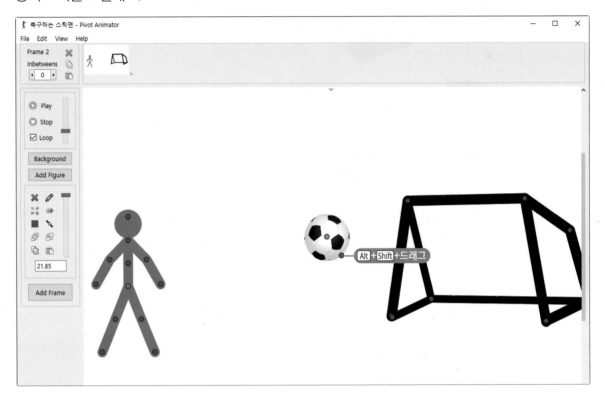

02 ● 원점을 드래그하여 '축구공'의 위치를 스틱맨 발로 이동해요.

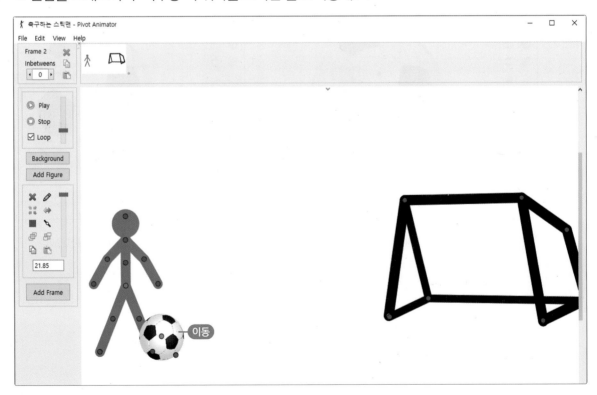

03 스틱맨을 선택한 후 'Copy Figure(📄)'와 'Paste Figure(📋)'를 순서대로 클릭하여 골키퍼 스틱맨을 만들어요. 스택맨과 모습이 겹치지 않도록 'Figure Colour(■)'를 클릭하여 색을 변경하고 골대 앞으로 이동해요.

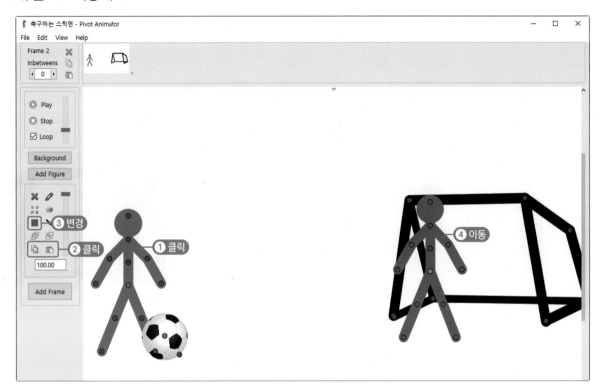

04 축구공이 골키퍼 스틱맨 앞으로 나오도록 축구공을 선택한 후 'Rasie(📑)'를 클릭해요.

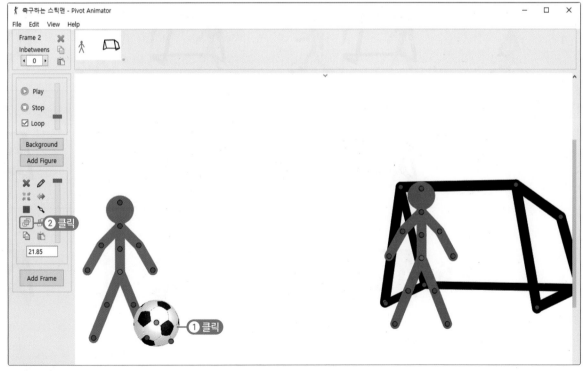

피봇 TIP 골키퍼 스틱맨이 축구공보다 나중에 추가되었기 때문에 축구공이 골키퍼 스틱맨에 가려지지 않으려면 정렬 순서를 변경해야 해요.

05 스틱맨이 골대를 보고 서 있도록 모습을 만들고 [Add Frame]을 클릭한 후 불필요한 첫 번째 프레임
은 삭제해요.

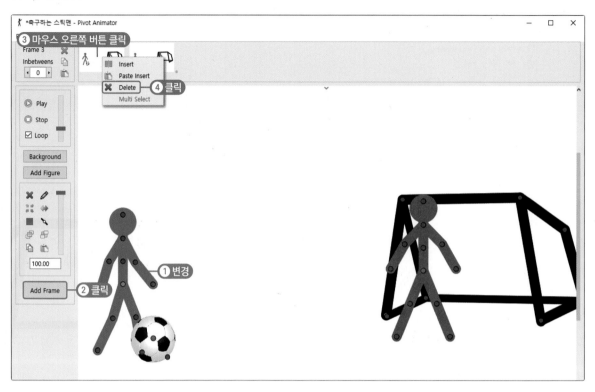

06 스틱맨이 골대로 축구공을 드리블해서 골을 넣는 모습을 애니메이션으로 표현해요.

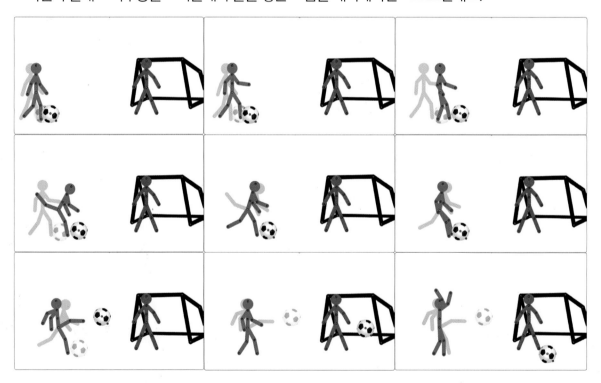

07 두 번째 프레임을 선택하고 축구공이 이동될 때 회전하도록 ● 조절점을 드래그한 후 [Update Frame]을 클릭해요.

08 같은 방법으로 다른 프레임도 축구공의 ● 조절점을 드래그해 회전시켜요.

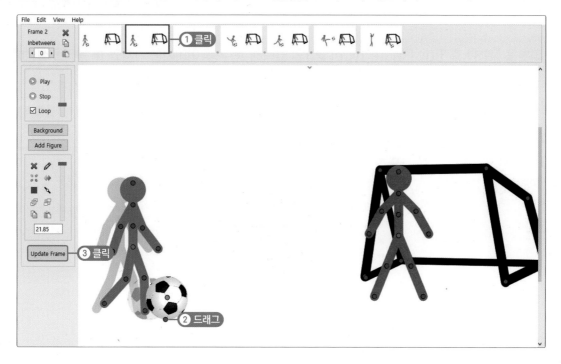

09 두 번째 프레임부터 스틱맨의 모습에 맞춰 골키퍼 스틱맨의 모습도 변경한 후 [Update Frame]을 클릭해요. 동작이 완성되면 프레임을 하나씩 선택하고 동작에 맞춰 'Inbetweens'의 값을 변경한 후 애니메이션 파일(Gif)로 저장해 파일을 확인해요.

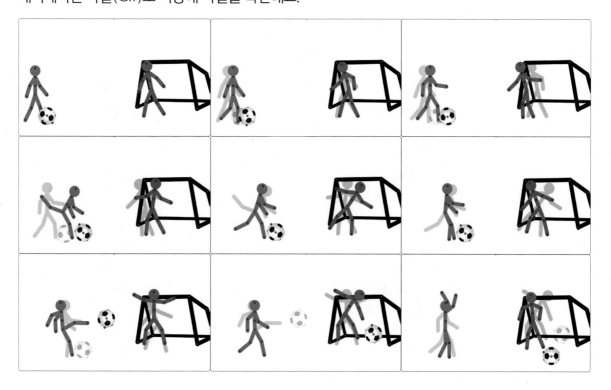

혼자서 미션 해결하기

실습파일 농구공.png   완성파일 드리블(완성).piv, 드리블(완성).gif

01 피봇을 실행한 후 'Edit Figure Type(✏)'을 클릭해 '농구공' 이미지를 가져와 ● 원점을 설정해 보세요.

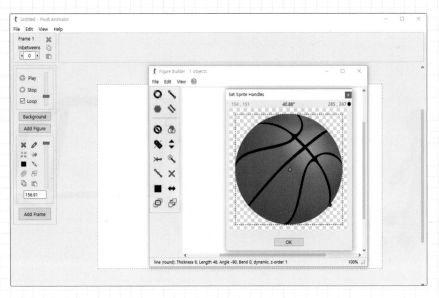

Hint 'Edit Figure Type(✏)'을 클릭하고 [File]-[Load Sprite Image]를 선택해 '농구공'을 불러와요.

02 스틱맨이 드리블하는 모습을 애니메이션으로 표현해 보세요.

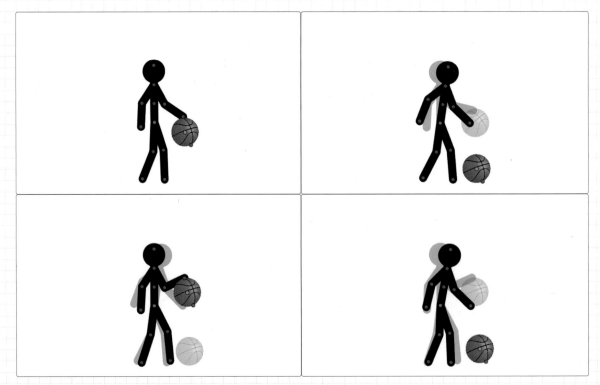

16장 텍스트와 스틱맨으로 만드는 액션 무비

피봇 애니메이터는 애니메이션을 만드는 프로그램이지만 텍스트를 추가해 상황을 설명할 수도 있어요. 텍스트를 이용해 제목과 첫 장면을 꾸며 보고 스틱맨이 다른 스틱맨들과 액션을 보여줄 수 있도록 애니메이션을 완성해요.

학습목표

● 캔버스에 텍스트를 추가할 수 있습니다.
● 투명도를 적용하여 텍스트를 천천히 사라지게 할 수 있습니다.
● 새로운 스틱맨을 추가하여 애니메이션을 완성할 수 있습니다.

미리보기

실습파일 액션 스틱맨.piv   완성파일 액션 스틱맨(완성).piv, 액션 스틱맨(완성).gif

이런 기능을 활용해요

활용 기능	설명
Create Text Object	캔버스에 텍스트를 추가할 수 있어요.
Figure Colour(■)	개체의 색을 변경할 수 있어요.
Add Figure	스틱맨을 추가할 수 있어요.
Filp/Mirror Figure (⬅➡)	개체의 좌우를 반전시켜요.
Add Frame	애니메이션 프레임을 추가해요.
Inbetweens	프레임과 프레임 사이를 자연스럽게 연결해요.

01 피봇 아이콘(🕴)을 더블 클릭하여 Pivot 프로그램을 실행해요. [File]-[Open Animation]을 선택하고 [열기] 대화상자가 나타나면 '액션 스틱맨.piv'를 선택한 후 [열기]를 클릭해요.

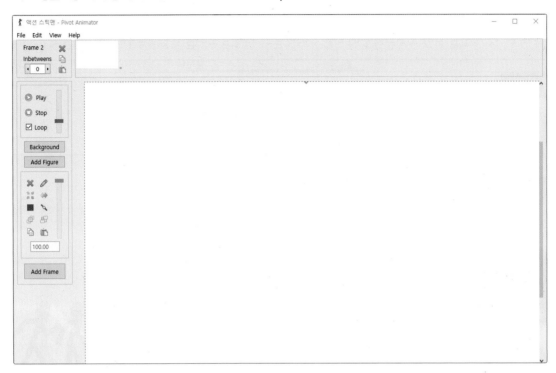

02 캔버스에 텍스트를 입력하기 위해 [File]-[Create Text Object]를 선택하고 [Text Editor] 대화상자가 나타나면 텍스트("액션 스틱맨")를 입력해요. 텍스트 속성(Font : HY헤드라인M, Fill Colour : 노랑, Outline Colur : 빨강, Outline Width : 20, Blod)을 지정하고 [Add]를 클릭해요.

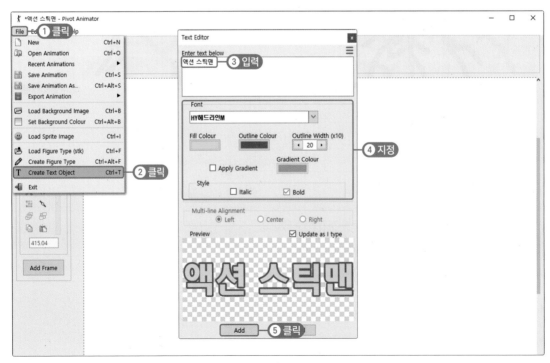

03 캔버스에 텍스트가 추가되면 Alt + Shift 를 누른 채 ● 조절점을 드래그하여 크기를 변경하고 화면 중앙으로 이동해요. [Add Frame]을 클릭하고 불필요한 첫 번째 프레임은 삭제해요.

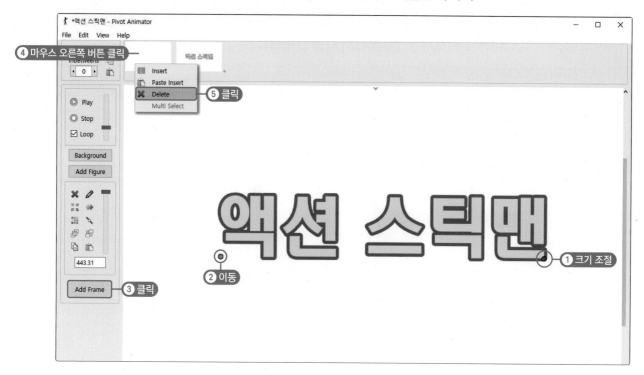

04 애니메이션 제목이 서서히 사라지도록 텍스트를 선택한 후 투명도를 '0'으로 설정하고 [Add Frame]을 클릭해요.

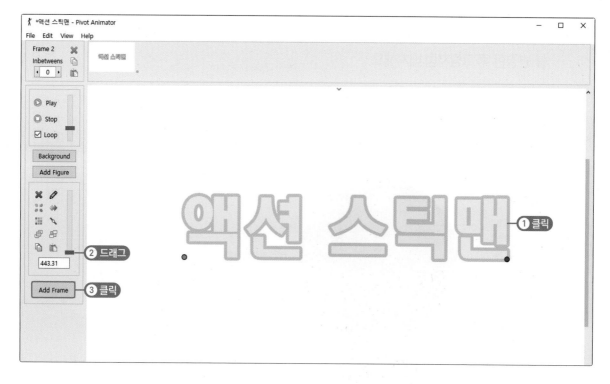

01 '스틱맨'을 불러오기 위해 [Add Figure]를 클릭한 후 [Click or double click figure to add] 대화상자가 나타나면 'Default'를 선택하고 [X]를 클릭해요.

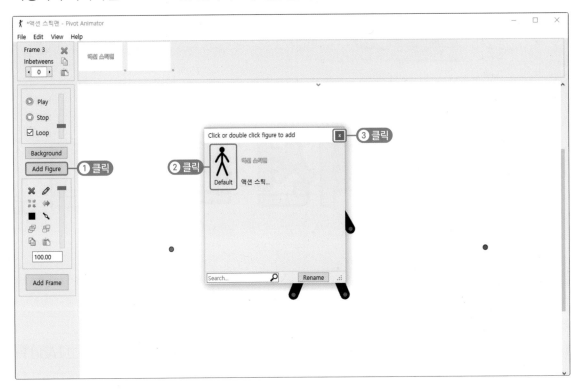

02 '스틱맨'이 대사하는 모습을 표현하기 위해 Alt+Shift를 누른 채 ● 조절점을 드래그하여 '스틱맨'의 크기를 변경한 후 그림처럼 배치해요.

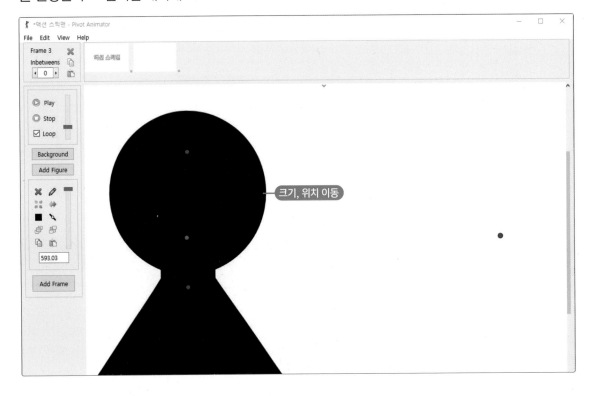

03 대사를 추가하기 위해 [File]-[Create Text Object]를 선택해요. [Text Editor] 창이 나타나면 텍스트 ("악의 무리는 용서하지 않는다!")를 입력한 후 텍스트 속성(Font : HY헤드라인M, Fill Colour : 검정, Outline Width : 0, Bold)을 지정하고 [Add]를 클릭해요.

04 [Add Frame]을 클릭하여 스틱맨의 대사 프레임을 추가해요.

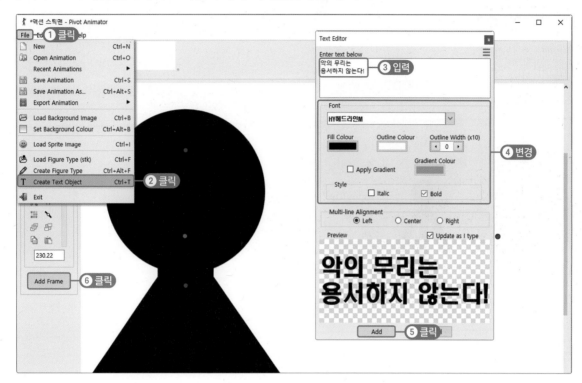

05 대사가 사라지도록 텍스트('악의 무리는 용서하지 않는다!')를 선택한 후 'Delete Figure(✖)'를 클릭하고 [Add Frame]을 클릭해요.

06 '스틱맨'의 액션 애니메이션을 만들기 위해 Alt + Shift 를 누른 채 ● 조절점을 드래그하여 '스틱맨'의 크기를 조절한 후 [Add Frame]을 클릭해요.

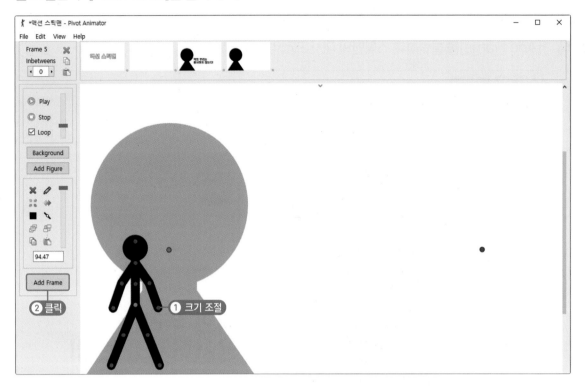

07 'Figure Colour(■)'를 클릭하여 주인공 '스틱맨'의 색을 변경해요.

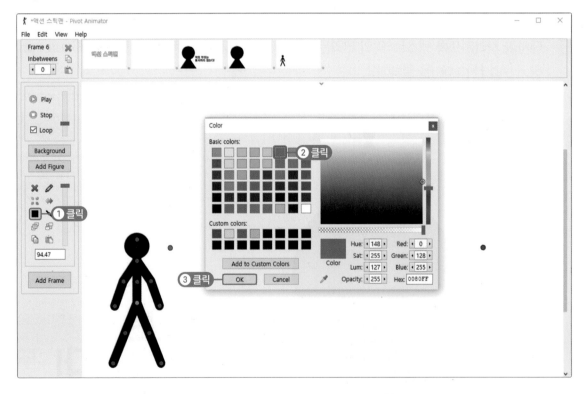

08 [Add Figure]를 클릭하여 적이 될 '스틱맨'을 불러온 후 액션 애니메이션을 완성해요.

09 동작이 완성되면 프레임을 하나씩 선택하여 동작에 맞춰 'Inbetweens'의 값을 변경한 후 완성된 애니메이션을 확인해요. [File]-[Export Animation]-[Animated GIF]를 선택하여 애니메이션 파일을 저장하고 파일을 확인해요.

혼자서 미션 해결하기

완성파일 네온 텍스트(완성).piv, 네온 텍스트(완성).gif, 대화(완성).piv, 대화(완성).gif

01 [File]-[New]를 선택하고 스틱맨을 삭제한 후 텍스트를 추가하고 네온사인 애니메이션을 완성해 보세요.
· 'Inbetweens' 값 : 10

피봇 애니메이션	피봇 애니메이션

02 [File]-[New]를 선택한 후 스틱맨을 추가하여 스틱맨 둘이 대화하는 장면을 완성해 보세요.
· 'Inbetweens' 값 : 10

PART

신나는 과학 실험
파우더 토이

다양한 물질을 조합하여 화학 반응을 실험할 수 있는 파우더 토이를 활용해
물리적 원리나 화학적 상호작용을 배우며 창의력과 과학적 사고를 키워요.

17장 파우더 토이와 친해지기

파우더 토이는 화학실험을 하는 프로그램이에요. 화학실험을 하기 위해 사용되는 물질의 종류와 화학실험 방법에 대해 이해하고 불에 타는 물질로 나무를 그려 불에 얼마나 잘 타는지 확인해 보세요.

학습목표

- 파우더 토이에서 사용되는 물질의 종류를 확인할 수 있습니다.
- 화학실험에 필요한 브러시 사용법에 대해 이해할 수 있습니다.
- 물질로 나무를 직접 그려 화학실험을 할 수 있습니다.

미리보기

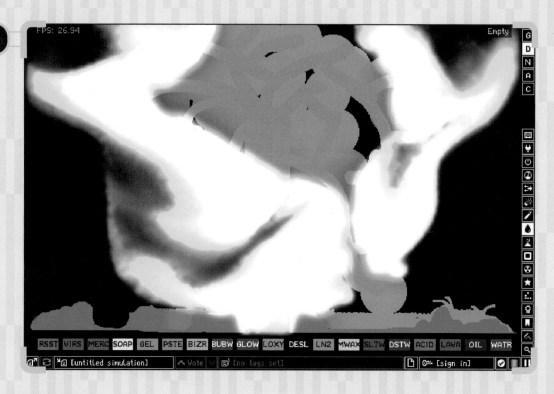

이런 기능을 활용해요

활용 물질	설명
고체(🔲)-GOO(GOO)	움직이지 않는 고무예요.
고체(🔲)-WOOD(WOOD)	움직이지 않는 나무예요.
고체(🔲)-PLNT(PLNT)	움직이지 않는 식물이에요.
고체(🔲)-BRCK(BRCK)	단단한 돌이에요.
액체(🔵)-WATR(WATR)	중력에 영향을 받는 물이에요.
폭발물(💥)-FIRE(FIRE)	공중에 흩어지는 폭발물(불)이에요.

다양한 물질 이해하기

01 파우더 토이 아이콘(▢)을 더블 클릭하여 프로그램을 실행한 후 실행 창 오른쪽 하단의 '재생(▮▮)' 을 클릭해 실험을 정지해요.

02 화학실험을 할 수 있는 물질들에 대해 살펴봐요.

아이콘	이름	물질	설명
▦	벽		다른 물질에 영향을 받지 않고 특정 물질의 이동과 관련된 벽이 모여 있어요.
🔌	전기	TUNG CRAY WWLD EMP ARAY WIFI INST TESC INWR SWCH BTRY ETRD PTCT NTCT INSL NSCN PSCN SPRK METL	전자 회로와 관련된 물질이 모여 있어요.
⏻	전원	PPIP GPMP PBCN PUMP PVOD STOR DLAY HSWC PCLN LCRY	전기를 제어할 수 있는 물질이 모여 있어요.
🎛	센서	VSNS LDTC LSNS PSNS TSNS DTEC INVS	조건에 따라 물질의 이동을 제어하거나 전기를 생성하는 물질이 모여 있어요.
⬌	힘	FRME PSTN DMG RPEL FRAY GBMB DCEL ACEL PIPE	조건에 따라 물질이 이동하는 속도를 제어하거나 압력을 생성하는 물질이 모여 있어요.
✴	폭발물	IGNC TNT C-5 BOMB FWRK DEST LIGH FSEP FUSE FIRW CFLM THRM THDR LRBD RBDM C-4 NITR GUN FIRE	다양한 폭탄을 만들 수 있는 물질이 모여 있어요.
✏	기체	RFRG HYGN BOYL FOG CAUS CO2 OXYG SMKE NBLE PLSM WTRV GAS	중력에 영향을 받지 않고 압력에 민감한 기체 물질이 모여 있어요.
💧	액체	RSST VIRS MERC SOAP GEL PSTE BIZR BUBW GLOW LOXY DESL LN2 MWAX SLTW DSTW ACID LAVA OIL WATR	중력에 영향을 받는 액체 물질이 모여 있어요.
🪣	가루	SLCN SAWD CLST BREL PGRT ANAR GRAV FRZZ BCOL YEST BGLA SAND BRMT SALT CNCT SNOW STNE DUST	중력에 영향을 받는 움직이는 고체로 가루 물질이 모여 있어요.
▣	고체	TTAN QRTZ FILT SHLD VINE RIME SPNG DRIC IRON BRCK COAL NICE GLAS WAX BMTL PLNT WOOD ICE GOO	움직임이 없는 단단한 형태의 고체 물질이 모여 있어요.
✦	방사능	POLO GRVT PROT BVBR VIBR EXOT ELEC SING ISZS ISOZ WARP DEUT AMTR URAN PHOT PLUT NEUT	방사능과 관련된 물질이 모여 있어요.
★	특수	FIGH WHOL BHOL TRON STK2 PRTO PRT1 BCLN CONV STKM VENT VACU DMND VOID CLNE ×	물질을 삭제하거나 복제하는 등 특수한 기능이 있는 물질이 모여 있어요.
⠿	미생물	MYST REPL GNAR WALL COAG MAZE SEED STAN LLIF 3-4 DMOE PGOL MOVE AMOE DANI 2X2 ASIM HLIF GOL	각자의 특성을 가진 다양한 미생물이 모여 있어요.
🔧	툴	PROP WIND AMBP AMBM CYCL MIX NGRV PGRV VAC AIR COOL HEAT	온도, 중력, 압력 등을 자유롭게 변경할 수 있어요.

01 마우스 휠을 밀거나 당겨 브러시의 크기를 변경해요.

02 키보드에서 Tab을 눌러 브러시의 모양을 변경해요.

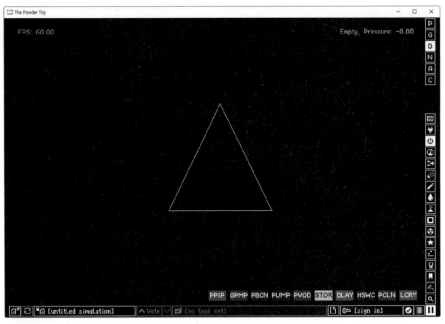

> **파우더 TIP**
> · 키보드의 [,]를 눌러 브러시의 크기를 변경할 수도 있어요.
> · 브러시의 모양은 '네모', '세모', '원'으로 되어 있어요.

03 Tab을 눌러 브러시 모양('네모')을 변경한 후 '고체(■)' 탭에서 'GOO(GOO)'를 선택하고 Shift를 누른 채 드래그하여 직선으로 고무를 그려요.

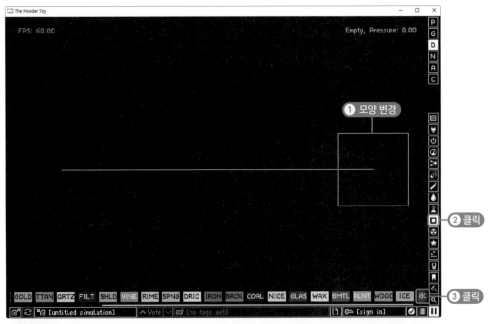

> **파우더 TIP**
> Shift를 누른 채 드래그하면 드래그한 길이만큼 해당 물질이 채워져요.

04 마우스 휠을 당겨 브러시 크기를 줄인 후 마우스 오른쪽 버튼을 클릭하여 물질을 제거해요.

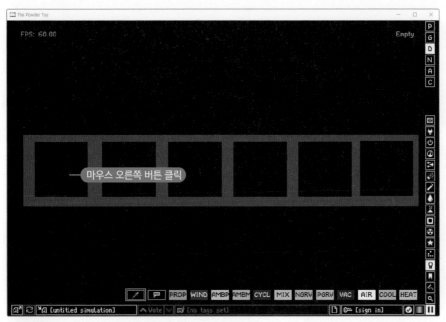

 · 마우스 왼쪽 버튼 : 물질이 채워져요.
· 마우스 오른쪽 버튼 : 물질이 제거돼요.

3 나무가 타는 실험하기

01 새로운 실험을 하기 위해 화면 오른쪽 하단의 '새 파일(📄)'을 클릭해요.

02 나무가 불에 잘 타는지 실험하기 위해 '고체(◻)' 탭에서 'WOOD(WOOD)'를 선택한 후 나무 기둥을 그려요.

파우더 TIP 브러시 크기와 모양은 자유롭게 선택하여 그림을 그려 보세요.

03 브러시 모양을 '원'으로 변경하고 마우스를 드래그하여 나무에 가지를 그려요.

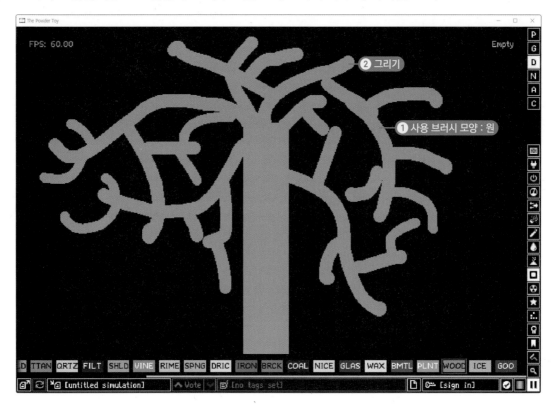

04 '고체(■)' 탭에서 'PLNT(PLNT)'를 선택한 후 나무에 나뭇잎을 그려요.

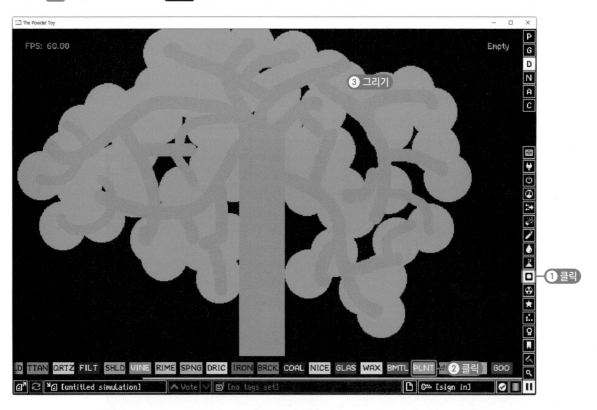

05 '고체(⬚)' 탭에서 'BRCK(BRCK)'를 선택한 후 바닥에 돌을 그리고 'PLNT(PLNT)'로 잔디도 그려요.

06 '액체(🌡)' 탭에서 'WATR(WATR)'를 선택한 후 돌과 잔디 사이에 물이 고여 있는 모습을 표현해요.

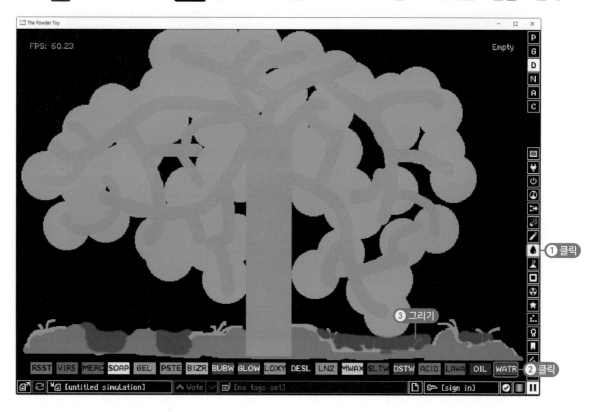

07 실험 준비가 끝나면 화면 오른쪽 하단의 '정지(▮▮)'를 클릭한 후 '폭발물(▧)'에서 'FIRE(FIRE)'를 선택하고 돌과 물에 불을 붙여 보세요.

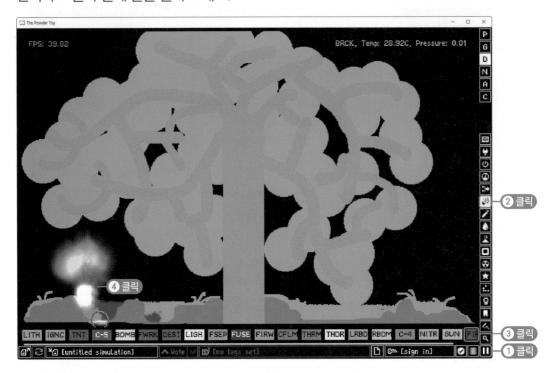

08 나무에도 불을 붙여 물과 돌, 나무에 불이 붙는지 확인해 보세요.

> **파우더 TIP**
> · 정지 버튼(▮▮) 상태 : 실험이 정지되어 있는 상태
> · 재생 버튼(▮▮) 상태 : 실험이 실행되고 있는 상태

09 실험을 통해 알게 된 사실을 친구들과 이야기해 보세요.

01 파우더 토이(　) 프로그램을 실행한 후 '재생(▮▮)'을 클릭해 실험을 정지하고 '고체(▣)' 탭에서 'WOOD(WOOD)'와 'GOO(GOO)'를 활용해 배를 그려 보세요.

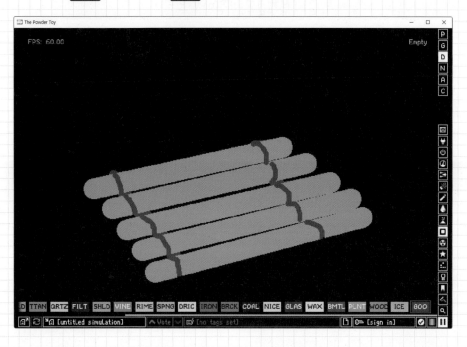

02 '정지(▮▮)'를 클릭해 실험을 시작한 후 '폭발물(　)' 탭에서 'FIRE(FIRE)'를 선택해 배에 불을 붙인 후 '액체(　)' 탭에서 'WATR(WATR)'를 선택해 불이 난 배에 물을 뿌려 보세요.

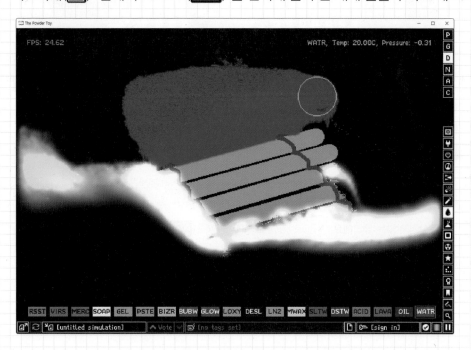

03 불이 난 배에 물이 뿌려지면 어떤 상황이 벌어지는지 친구와 이야기해 보세요.

18장 글로우로 온도계를 만들어요.

글로우(GLOW)는 온도와 압력에 따라 색이 바뀌는 물질이에요. 글로우(GLOW)를 유리에 담아 뜨겁게 달구거나 차갑게 식히면 글로우(GLOW)의 색깔이 어떻게 변할지 실험을 통해 알아봐요.

학습목표

- 유리를 이용하여 온도계를 그릴 수 있습니다.
- 온도계 모양에 GLOW를 채워 온도 실험을 할 수 있습니다.
- GLOW의 색에 따라 고온인지 저온인지 확인할 수 있습니다.

미리보기

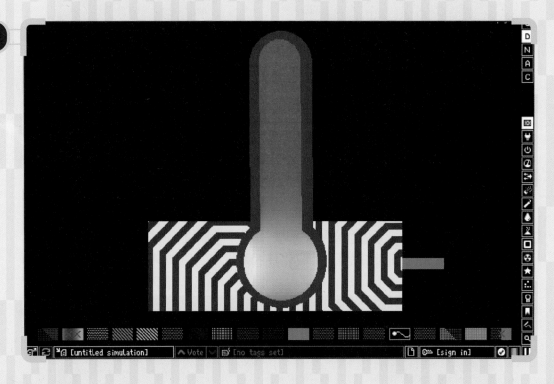

이런 기능을 활용해요

활용 물질	설명	활용 물질	설명
고체(■)-GLAS(GLAS)	움직이지 않는 유리예요.	고체(■)-ICE(ICE)	움직이지 않지만 녹을 수 있는 얼음이에요.
액체(◐)-GLOW(GLOW)	중력에 영향을 받는 글로우예요.	전기(▥)-METL(METL)	전기가 통하는 메탈이에요.
폭발물(▦)-FIRE(FIRE)	공중에 흩어지는 폭발물(불)이에요.	전기(▥)-BTRY(BTRY)	전기를 가지고 있는 배터리예요.
액체(◐)-WATR(WATR)	중력에 영향을 받는 물이에요.		

 **유리로 온도계 모양 그리기**

01 파우더 토이 아이콘()을 더블 클릭하여 프로그램을 실행한 후 화면 오른쪽 하단의 '재생(❚❚)'을 클릭해 실험을 정지해요.

02 온도계를 그리기 위해 브러시 모양을 '원'으로 변경하고 마우스 휠을 밀어 크기를 변경해요.

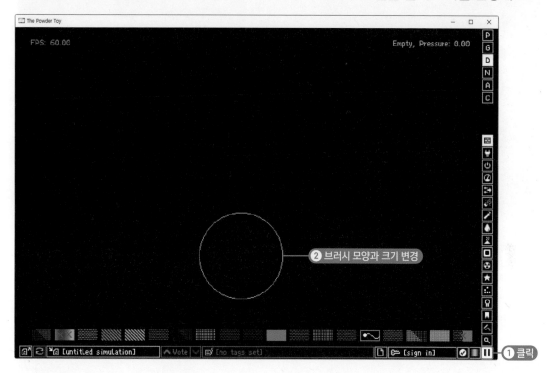

03 '고체(▣)' 탭에서 'GLAS(GLAS)'를 선택한 후 온도계 모양을 그려요.

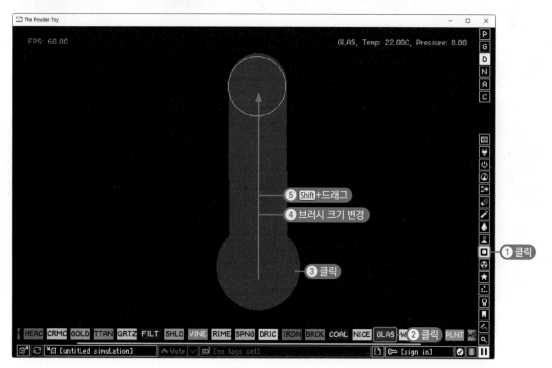

04 브러시 크기를 작게 변경한 후 마우스 오른쪽 버튼을 클릭하여 온도계 모양 안쪽에 물질을 제거해요.

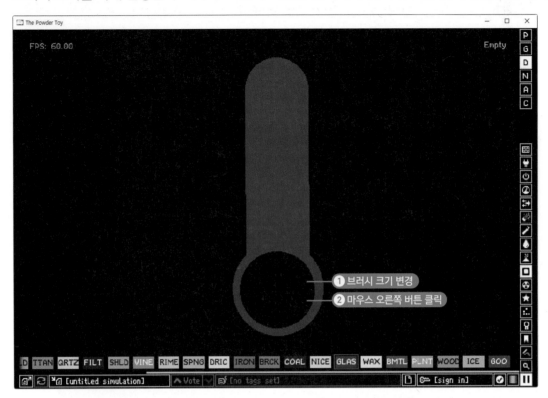

05 같은 방법으로 브러시 크기를 작게 변경한 후 온도계 안쪽의 물질을 제거해요.

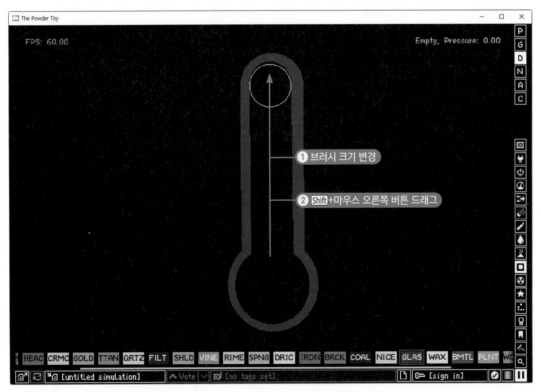

파우더 TIP　· Ctrl + Z : 되돌리기　　　　　· Ctrl + Y : 되살리기

06 온도계 모양에 글로우를 채우기 위해 '액체(🌡)' 탭에서 'GLOW(GLOW)'를 선택해요. 키보드에서 Ctrl + Shift 를 누른 채 온도계 모양 안을 마우스 왼쪽 버튼으로 클릭해요.

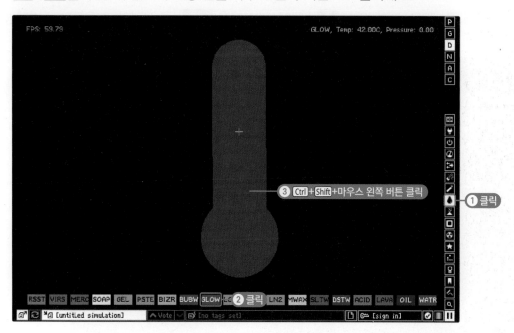

2 불로 온도계 온도 올리기

01 실험 준비가 끝나면 화면 오른쪽 하단의 '정지(∥)'를 클릭해 실험을 시작한 후 온도계의 온도를 올리기 위해 '폭발물(💥)' 탭에서 'FIRE(FIRE)'를 선택해요.

02 마우스 휠을 당겨 브러시 크기를 작게 조절한 후 온도계 아래쪽을 불로 달궈봐요.

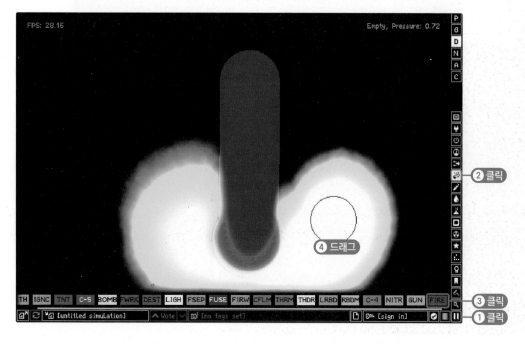

03 온도계 안에 있는 GLOW가 무슨 색으로 바뀌나요? 친구들과 이야기해 보세요.

01 온도계의 온도를 내리기 위해 '액체( )' 탭에서 'WATR( )'를 선택한 후 온도계 주변에 뿌려요.

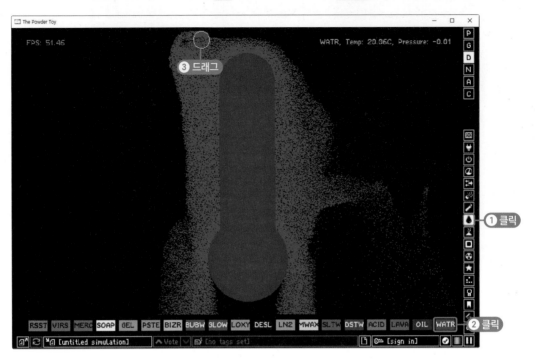

02 온도계의 온도가 내려갔나요? 온도계는 무슨 색으로 바뀌었는지 친구들과 이야기해 보세요.

03 온도계의 온도가 빨리 내려가지 않는다면 '고체( )' 탭에서 'ICE(ICE)'를 선택해 온도계 주변에 얼음을 그린 후 안쪽에 '액체( )' 탭의 'WATR( )'를 추가해요.

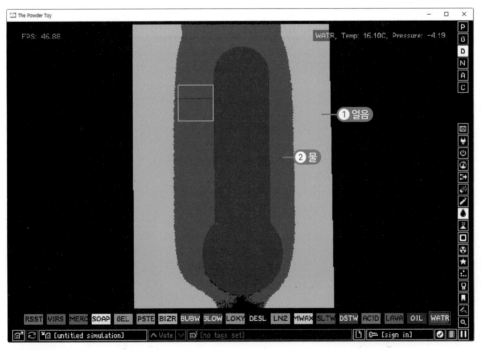

 안쪽에 물질을 채울 땐 [Ctrl]+[Shift]를 누른 채 마우스 왼쪽 버튼을 클릭해요.

01 전기가 통하면 온도계의 온도가 올라가는지 알아보기 위해 '전기(■)' 탭에서 'METL(METL)'을 선택한 후 온도계 아래쪽에 금속을 그려요.

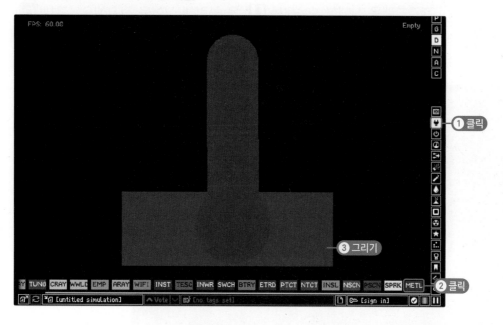

02 전기를 흐르게 하기 위해 '전기(■)' 탭에서 'BTRY(BTRY)'를 선택한 후 온도계 아래 그려 놓은 메탈에 연결해요.

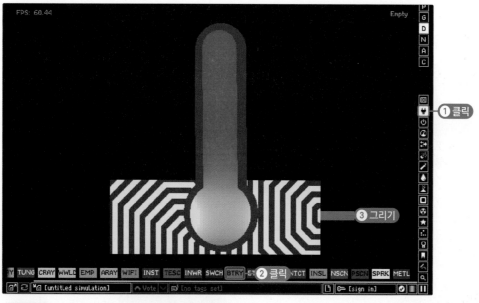

파우더 TIP 글로우 색으로 알아본 온도

· 회색 : 정상　　　　　　· 빨간색 : 고온　　　　　　· 진한 녹색 또는 파란색 : 저온
· 노란색 : 고온고압　　　· 분홍색 : 고온저압　　　　· 어두운 녹색 : 저온고압
· 진한 파란색 : 저온저압

03 실험을 통해 알게 된 사실을 친구들과 이야기해 보세요.

혼자서 미션 해결하기

01 파우더 토이(⬜) 프로그램을 실행한 후 '재생(⏸)'을 클릭해 실험을 정지해요. '고체(⬛)' 탭에서 'GLAS(GLAS)'를 선택하고 유리그릇을 그린 후 '액체(💧)' 탭에서 'WATR(WATR)'를 선택해 유리그릇에 물을 채워 보세요.

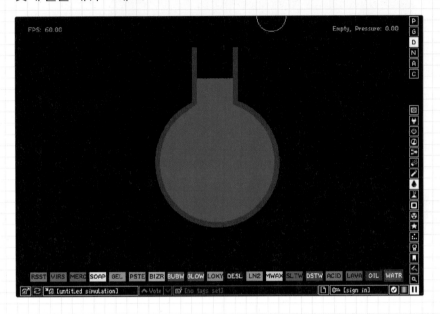

02 '정지(⏸)'를 클릭해 실험을 시작한 후 '폭발물(💥)' 탭에서 'FIRE(FIRE)'를 선택하고 물이 담긴 유리그릇을 달궈 유리가 깨지는지 확인해 보세요.

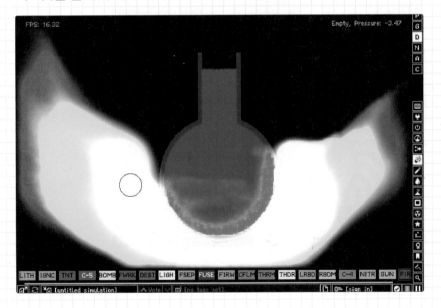

03 물이 담긴 유리그릇이 깨지지 않는다면 물이 없을 땐 어떻게 될까요? 실험해 보세요.

04 실험이 끝난 후 알게 된 사실을 친구와 이야기해 보세요.

19장 부식을 막으려면 어떻게 해야 할까?

소금물 속에 포함된 염화나트륨은 철을 공격해 철이 부식되게 해요. 그래서 철로 만든 배가 바다에 떠 있다면 쉽게 부식될 수 있어요. 철의 부식을 어떻게 하면 막을 수 있을지 실험을 통해 알아봐요.

학습목표

- 철(IRON)로 배를 그릴 수 있습니다.
- 소금물을 부어 철이 부식되는지 실험할 수 있습니다.
- 철의 부식을 막을 수 있는 물질을 사용해 부식을 막을 수 있습니다.

미리보기

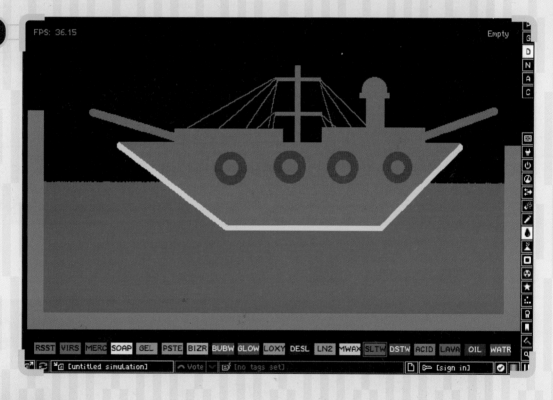

이런 기능을 활용해요

활용 물질	설명
고체(◻)-IRON(IRON)	단단한 철이에요.
고체(◻)-GOO(GOO)	움직이지 않는 고무예요.
벽(▦)-Basic wall(▬)	아무 기능이 없는 벽이에요.
액체(◊)-SLTW(SLTW)	물과 소금이 섞인 소금물이에요.
고체(◻)-PTNM(PTNM)	움직이지 않는 백금이에요.

 **철로 배 그리기**

01 파우더 토이 아이콘()을 더블 클릭하여 프로그램을 실행한 후 화면 오른쪽 하단의 '재생(❚❚)'을 클릭해 실험을 정지해요.

02 배를 그리기 위해 [Tab]을 눌러 브러시 모양을 '사각형'으로 변경한 후 마우스 휠을 밀어 크기를 크게 조절해요.

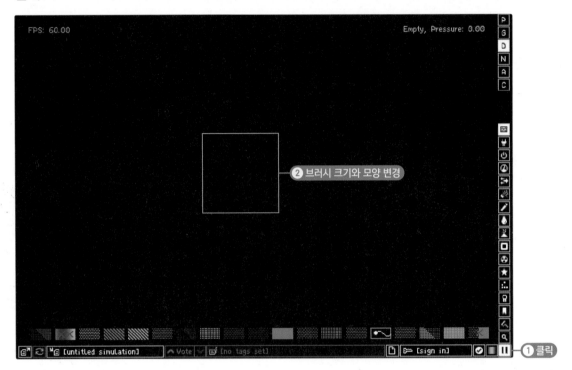

03 '고체(▣)' 탭에서 'IRON(IRON)'을 선택하고 [Shift]를 누른 채 드래그하여 배의 바닥을 그려요.

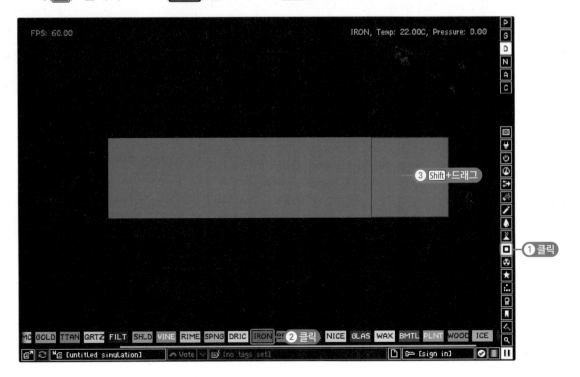

04 배의 모양을 만들기 위해 `Tab`을 눌러 브러시 모양을 '원'으로 변경한 후 마우스 휠을 당겨 브러시 크기를 작게 조절해요.

05 키보드에서 `Shift`를 누른 채 마우스 오른쪽 버튼으로 드래그하여 불필요한 영역의 물질을 제거해요.

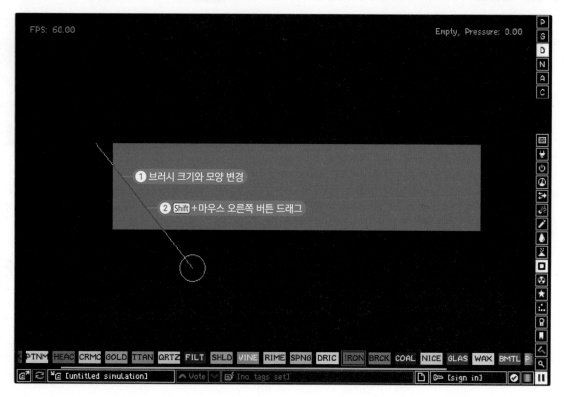

06 함선의 모양을 생각하며 브러시 모양과 크기를 변경하면서 배의 모양을 완성해요.

07 '고체(⬛)' 탭에서 'GOO(GOO)'를 선택한 후 브러시 모양을 '원'으로 변경하고 마우스 오른쪽 버튼을 클릭해 배에 튜브를 설치할 공간을 만들어요.

08 Ctrl+Shift를 누른 채 비어 있는 공간을 클릭하여 'GOO(GOO)'를 채워 넣어요.

 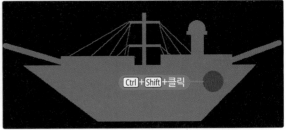

09 다시 브러시 크기를 작게 조절하고 마우스 오른쪽 버튼을 클릭해 튜브 모양을 만들어요. '고체(⬛)' 탭에서 'IRON(IRON)'을 선택한 후 Ctrl+Shift를 누른 채 비어 있는 공간을 클릭하여 'IRON(IRON)' 으로 채워 넣어요.

10 **07~09**과 같은 방법으로 배에 여러 개의 튜브를 설치해 보세요.

11 배를 바다에 띄우기 위해 '벽(▦)' 탭에서 'Basic wall(▭)'을 선택한 후 바닷물을 채울 그릇을 만들어요.

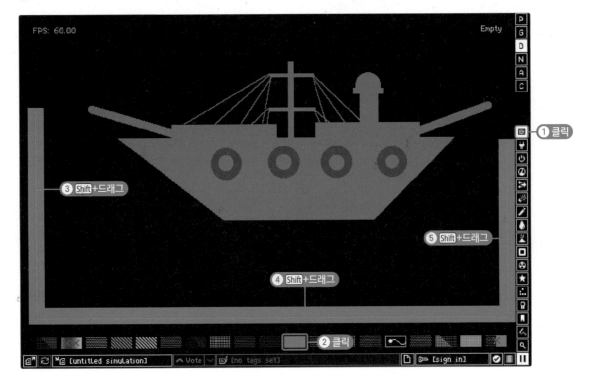

01 그릇에 소금물을 담기 위해 '액체(🔥)' 탭에서 'SLTW(SLTW)'를 선택한 후 Shift를 누른 채 드래그해요.

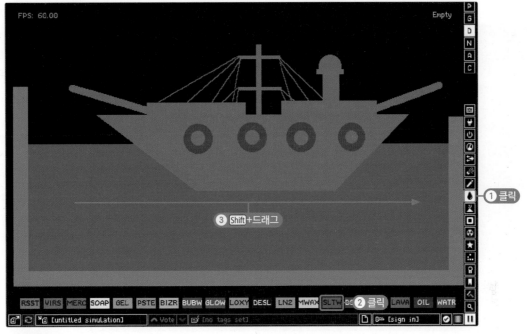

파우더 TIP 물을 바닥에 그냥 추가하면 중력으로 물이 아래로 떨어져요.

02 실험 준비가 끝나면 화면 오른쪽 하단의 '정지(❚❚)'를 클릭해 실험을 실행한 후 바닷물에 철이 부식되는지 확인해요.

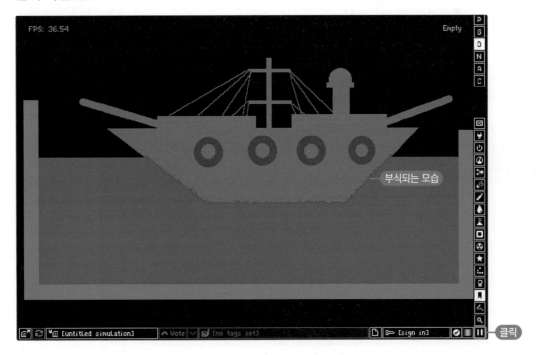

03 화면 오른쪽 하단의 '재생(❚❚)'을 눌러 실험을 정지한 후 Ctrl+Z를 눌러 배의 모습을 실험 이전으로 되돌려요.

01 부식을 방지하기 위해 '고체(■)' 탭에서 'PTNM(PTNM)'을 선택한 후 소금물에 닿는 배 아래쪽을 칠해요.

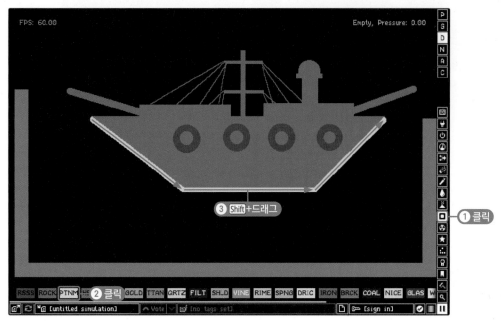

파우더 TIP 백금이나 금은 철과 다르게 부식되지 않는 금속이므로 철 위에 백금을 덮어주면 철이 소금물에 닿지 않아 부식을 막아줘요.

02 '액체(■)' 탭에서 'SLTW(SLTW)'를 선택한 후 Shift를 누른 채 드래그하여 그릇에 다시 소금물을 채워요. 화면 오른쪽 하단의 '정지(❚❚)'를 클릭해 실험을 실행한 후 백금이 철의 부식을 막아주는지 확인해 봐요.

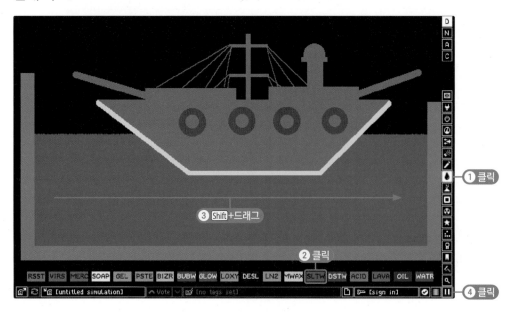

03 실험을 통해 알게 된 사실을 친구들과 이야기해 보세요.

혼자서 미션 해결하기

01 파우더 토이(　) 프로그램을 실행한 후 '재생(▮▮)'을 클릭해 실험을 정지해요. '고체(▣)' 탭에서 'IRON(IRON)'과 'GOO(GOO)'를 선택해 자전거를 그려 보세요.

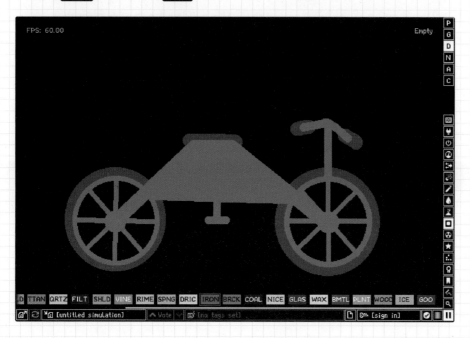

02 '정지(▮▮)'를 클릭해 실험을 실행한 후 '기체(✎)' 탭에서 'OXYG(OXYG)'를 선택하고 자전거 주변에 산소를 뿌려 철이 부식되는지 확인해 보세요.

03 철이 부식되면 어떤 모습이 되는지 친구와 이야기해 보세요.

20장 산은 모든 것을 녹일까?

'산'이란 일반적으로 강산을 의미하는 데 강산은 많은 물질을 녹일 수 있는 능력이 있어요. 그러나 모든 것을 녹일 수 있는 것은 아니에요. 강산은 주로 금속, 비금속, 유기물 등과 반응하여 용해시키거나 부식시킬 수 있지만 금이나 백금 등은 강산에 영향을 받지 않거나 매우 작은 반응을 보여요. 산이 물질을 어떻게 녹이는지 실험해 봐요.

학습목표

● 물질을 쌓아 지층을 표현할 수 있습니다.
○ 다양한 물질을 이용하여 산과 바다, 계곡을 표현할 수 있습니다.
● 산이 모든 물질을 녹이는지 실험할 수 있습니다.

미리보기

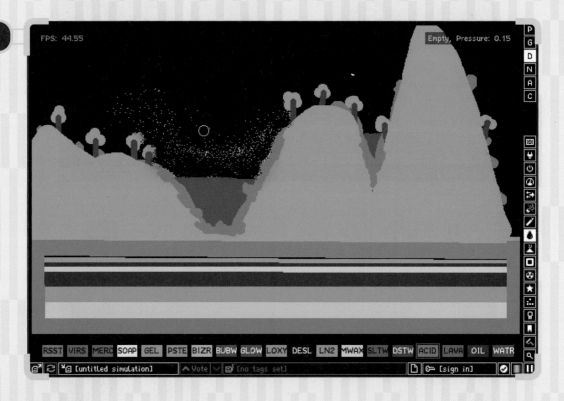

이런 기능을 활용해요

활용 물질	설명	활용 물질	설명
고체(■)-BRCK (BRCK)	단단한 돌이에요.	고체(■)-PLNT (PLNT)	움직이지 않는 식물이에요.
가루(▨)-SAND (SAND)	바람에 날리는 모래예요.	고체(■)-WOOD (WOOD)	움직이지 않는 나무예요.
가루(▨)-STNE (STNE)	바람에 날리는 돌가루예요.	액체(◉)-WATR (WATR)	중력에 영향을 받는 물이에요.
가루(▨)-BCOL (BCOL)	불에 타는 석탄가루예요.	액체(◉)-ACID (ACID)	거의 모든 물질을 녹이는 산이에요.

지층과 자연 표현하기

01 파우더 토이 아이콘()을 더블 클릭하여 프로그램을 실행한 후 화면 오른쪽 하단의 '재생(⏸)'을 클릭해 실험을 정지해요.

02 지층을 표현하기 위해 [Tab]을 눌러 브러시 모양을 '사각형'으로 변경하고 브러시 크기를 작게 변경해요.

03 '고체(⬛)' 탭에서 'BRCK(BRCK)'를 선택한 후 [Shift]를 누른 채 드래그하여 지층의 바닥을 그려요. 다른 물질이 옆으로 흐르지 않도록 돌로 벽을 세워요.

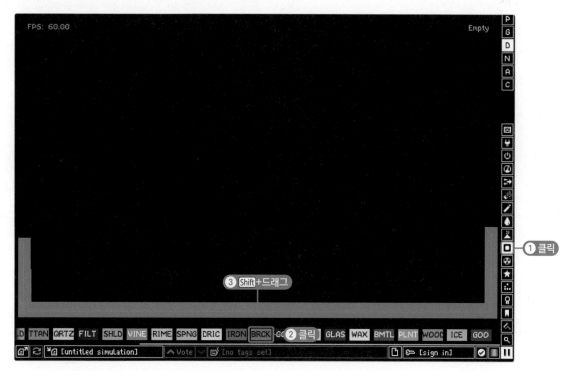

04 지층에 퇴적물을 표현하기 위해 '가루(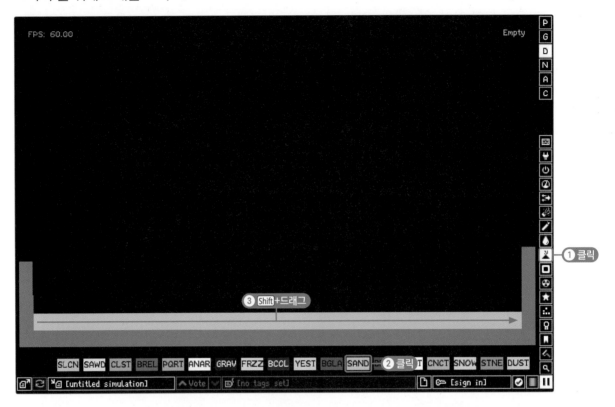)' 탭에서 'SAND(SAND)'를 선택한 후 Shift를 누른 채 드래 그하여 돌 위에 모래를 그려요.

05 '가루()' 탭에서 'STNE(STNE)'과 'BCOL(BCOL)'을 선택하여 **04**와 같이 돌가루와 석탄을 이용 하여 지층을 표현해 보세요.

06 마지막은 지층이 단단하도록 '고체(■)' 탭에서 'BRCK(BRCK)'을 선택한 후 Shift를 누른 채 드래그 하여 지층의 윗부분을 그려요.

07 Tab을 눌러 브러시 모양을 '원'으로 변경하고 숲속을 표현하기 위해 '고체(■)' 탭에서 'PLNT(PLNT)'를 선택한 후 숲속 바닥을 그려요.

08 산을 표현하기 위해 '고체(■)' 탭에서 'PLNT(PLNT)'를 선택한 후 산을 그려요.

09 이번에는 '고체(■)' 탭에서 'WOOD(WOOD)'를 선택한 후 나무를 그려요. 이어서 '고체(■)' 탭에서 'PLNT(PLNT)'를 선택해 나뭇잎을 그려요.

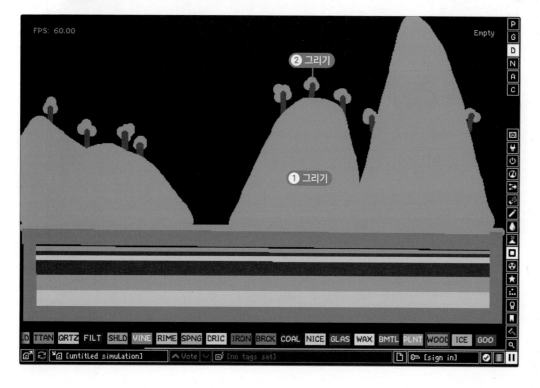

10 산 위에 있는 돌을 표현하기 위해 '고체(■)' 탭에서 'BRCK(BRCK)'을 선택한 후 계곡이 될 곳의 테두리를 돌로 칠해요.

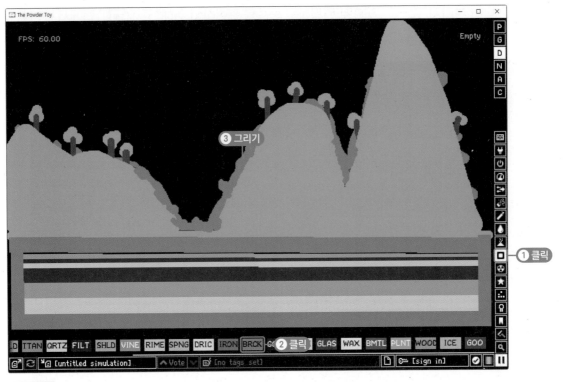

파우더 TIP 식물은 물에 닿으면 자라서 물이 사라지기 때문에 계곡을 표현할 곳에 돌을 칠해줘야 해요.

11 계곡을 표현하기 위해 '액체(■)' 탭에서 'WATR(WATR)'를 선택한 후 물을 채워 계곡을 표현해요.

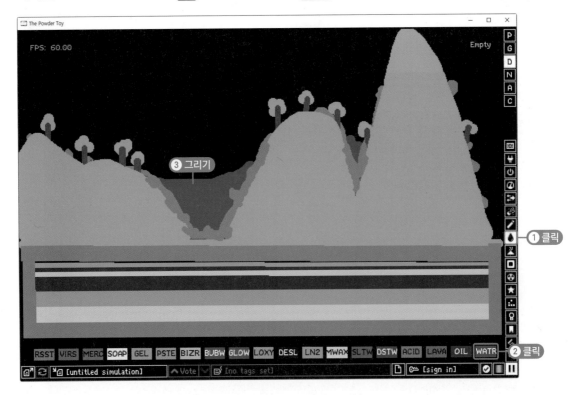

 **산의 위험성 알아보기**

01 실험 준비가 끝났다면 화면 오른쪽 하단에 '정지(⏸)'를 클릭해 실험을 시작한 후 '액체(◉)' 탭에서 'ACID(ACID)'를 선택하고 산을 물에 뿌려요.

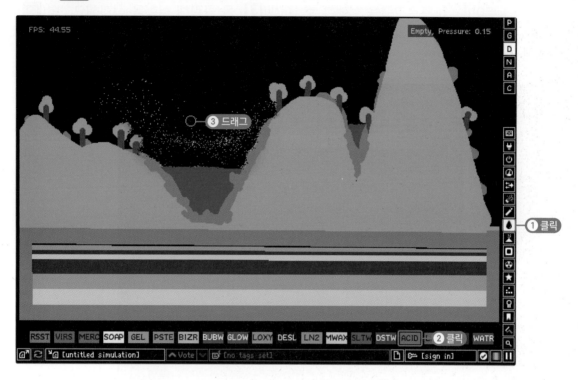

02 같은 방법으로 ACID(ACID)를 돌과 식물, 지층에도 뿌려 보세요.

03 산이 닿은 부분은 어떻게 되었나요? 실험을 통해 알게 된 사실을 친구들과 이야기해 보세요.

01 파우더 토이( ) 프로그램을 실행한 후 '재생( )'을 클릭해 실험을 정지해요. '벽( )' 탭에서 'Basic wall( )'을 선택하여 그릇을 만든 후 '액체( )' 탭에서 'ACID(ACID)'를 선택해 산을 채워 보세요.

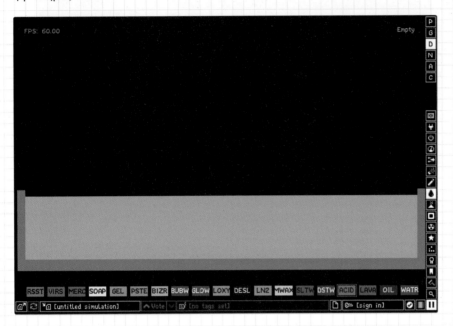

02 '정지( )'를 클릭해 실험을 실행하고 '액체( )' 탭에서 'LAVA(LAVA)'를 선택해 산에 뿌려 보세요.

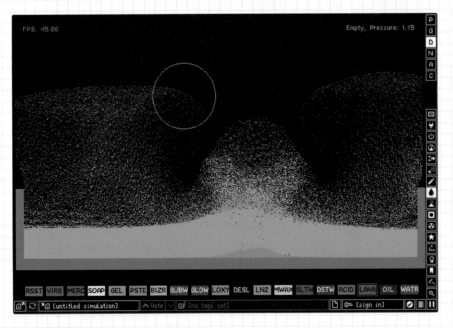

03 산에 넣고 싶은 물질을 자유롭게 넣어보고 변화를 관찰해 보세요.

04 산에 용암이나 불 등이 닿으면 어떤 변화가 생기는지 친구와 이야기해 보세요.

21장 비가 내릴 때 번개는 위험할까?

번개는 왜 위험할까요? 비가 내리는 날과 비가 내리지 않는 날에 번개의 위험성은 다를까요? 테슬라 코일과 배터리로 번개를 만들어 번개의 위험성을 알아봐요.

학습목표

● 전기가 잘 통하는 메탈로 우산을 만들 수 있습니다.
● 테슬라 코일과 배터리로 번개를 표현할 수 있습니다.
● 비 오는 날 번개가 왜 위험한지 실험할 수 있습니다.

미리보기

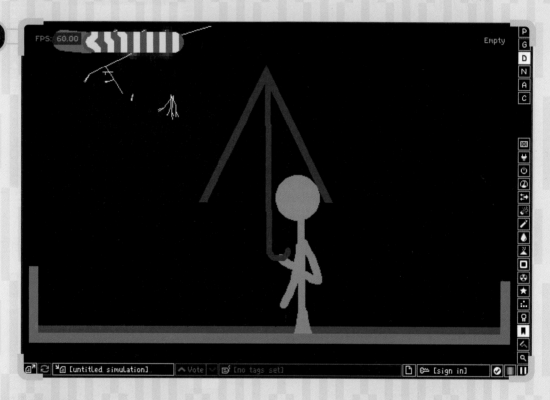

이런 기능을 활용해요

활용 물질	설명
전기(🔌)-METL(METL)	전기가 통하는 메탈이에요.
고체(◻)-WOOD(WOOD)	움직이지 않는 나무예요.
전기(🔌)-TESC(TESC)	에너지를 모으거나 방출해요.
전기(🔌)-BTRY(BTRY)	무한으로 전기를 만들어요.
액체(💧)-WATR(WATR)	중력에 영향을 받는 물이에요.

 **메탈로 우산 그리기**

01 파우더 토이 아이콘(▢)을 더블 클릭하여 프로그램을 실행한 후 화면 오른쪽 하단의 '재생(❚❚)'을 클릭해 실험을 정지해요.

02 우산을 그리기 위해 [Tab]을 눌러 브러시 모양을 '삼각형'으로 변경한 후 브러시 크기를 크게 변경해요.

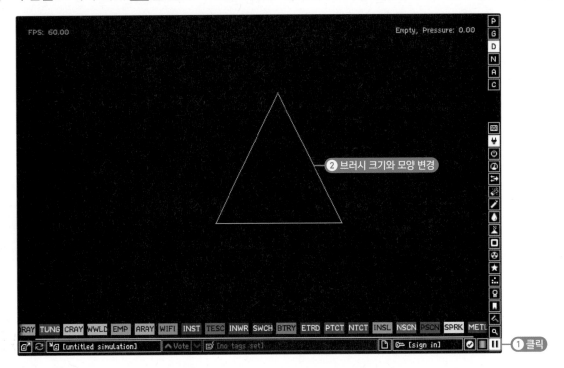

03 '전기(🔌)' 탭에서 'METL(METL)'을 선택한 후 화면을 클릭하여 삼각형 모양을 그려요.

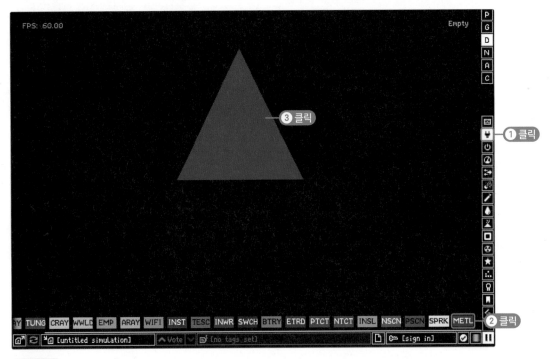

파우더 TIP 'METL(METL)'은 전기가 잘 통하는 물질이에요. 번개의 위험성을 알기 위해 우산에 'METL(METL)'을 사용해요.

04 우산 틀을 만들기 위해 마우스 오른쪽 버튼을 클릭하여 삼각형 안쪽 물질을 제거해요.

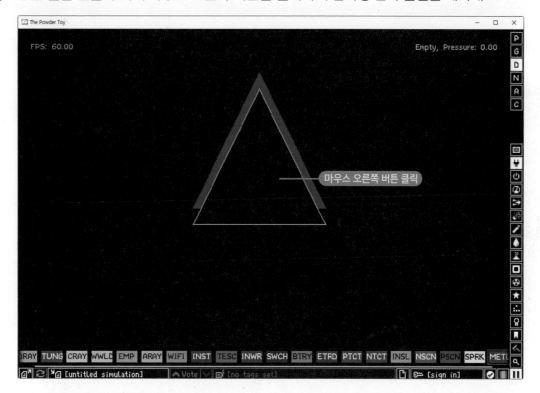

05 Tab을 눌러 브러시 모양을 '원'으로 변경하고 마우스 휠을 당겨 브러시 크기를 작게 조절한 후 우산의 손잡이를 그려요.

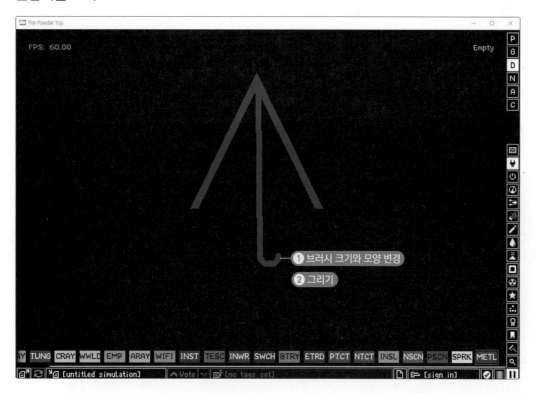

2 우산을 쓰고 있는 아이 그리기

01 '고체(■)' 탭에서 잘 타는 물질인 'WOOD(**WOOD**)'를 선택하고 우산을 쓰고 있는 아이를 그려요.

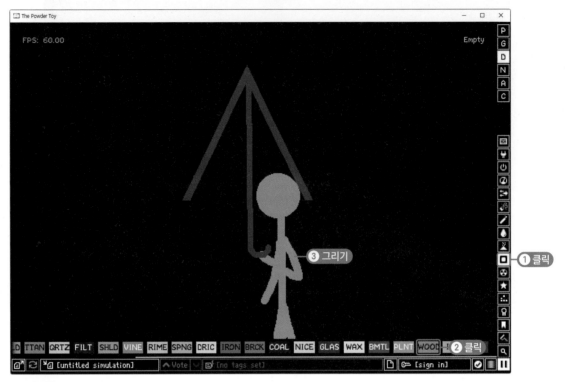

파우더 TIP 번개의 위험성을 알기 위해 잘 타는 물질을 선택해요.

02 비가 내린 모습을 표현하기 위해 '벽(■)' 탭에서 'Basic wall(▬▬)'을 선택하여 바닥을 그린 후 '액체(●)' 탭에서 'WATR(**WATR**)'를 선택해 바닥에 물을 뿌려요.

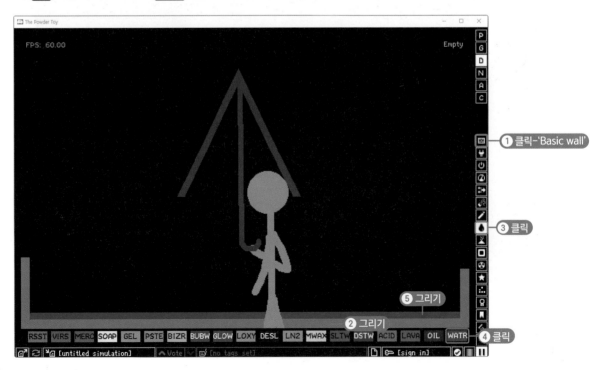

번개 만들기

01 번개를 만들기 위해 '전기()' 탭에서 'TESC(TESC)'를 선택하고 하늘에 테슬라 코일을 그려요.

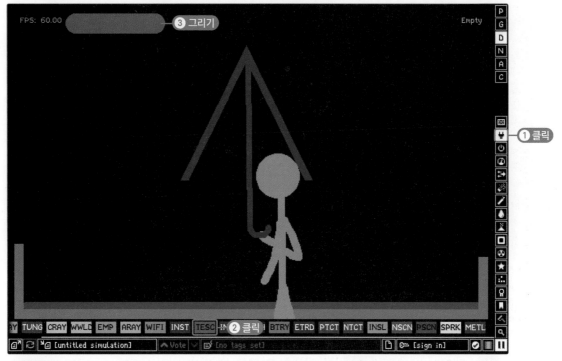

> **파우더 TIP** 테슬라 코일은 에너지를 저장하고 방출하는 장치로 전기 에너지를 무선으로 전송하는 데 사용돼요.

02 테슬라 코일이 에너지를 방출하도록 '전기()' 탭에서 'BTRY(BTRY)'를 클릭해 테슬라 코일과 연결해요.

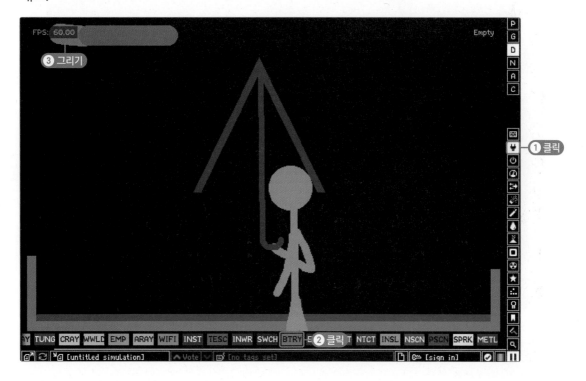

03 실험 준비가 끝나면 화면 오른쪽 하단의 '정지(❙❙)'를 클릭해 실험을 실행한 후 번개가 왜 위험한지 확인해 보세요.

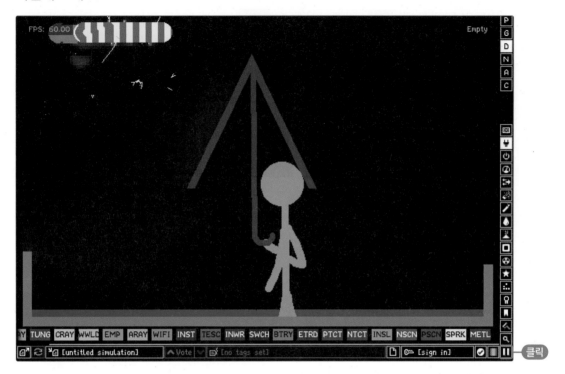

04 '액체(◐)' 탭에서 'WATR(WATR)'를 선택하고 물을 뿌린 후 비가 내리는 날 번개가 치면 번개만 칠 때와 어떻게 다른지 확인해 보세요.

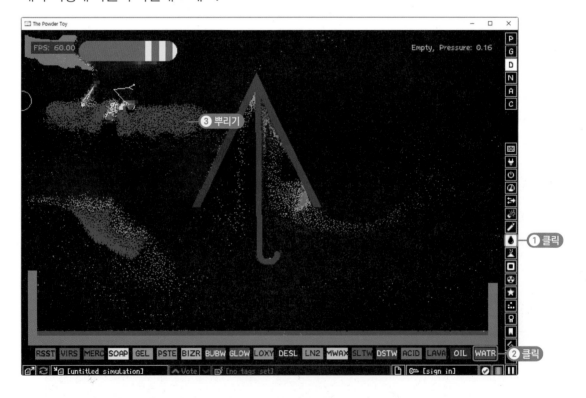

05 실험이 끝나면 실험을 통해 알게 된 사실을 친구들과 이야기해 보세요.

혼자서 미션 해결하기

01 파우더 토이(🔲) 프로그램을 실행한 후 '재생(⏸)'을 클릭해 실험을 정지해요. '전기(🔌)' 탭의 'METL(METL)'과 '고체(◉)' 탭의 'GOO(GOO)'를 이용해 손잡이에 고무가 달린 메탈 우산을 그려 보세요.

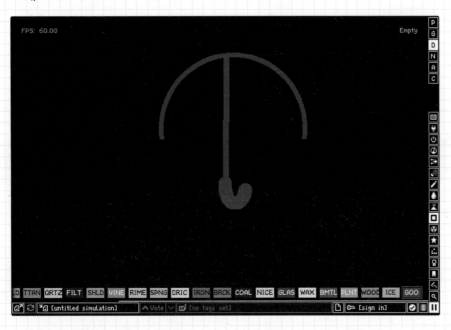

02 '고체(◉)' 탭의 'WOOD(WOOD)'로 사람을 그리고 '전기(🔌)' 탭의 'TESC(TESC)'와 'BTRY(BTRY)' 로 번개를 만들어 보세요.

03 '실험 준비가 끝나면 '정지(⏸)'를 눌러 실험을 실행한 후 손잡이에 고무가 있을 때와 없을 때의 차이 점을 확인해 보세요.

22장 화약총은 얼마나 위험할까?

우리가 알고 있는 화약총은 화약을 이용하여 총알을 쏘는 총이에요. 여기서는 총 안에 총알 대신 화약을 넣고 화약이 폭발하면 얼마나 위험한지 실험을 통해 알아봐요.

학습목표

● 메탈을 이용하여 화약총을 그릴 수 있습니다.
● 도화선으로 화약에 불을 붙일 수 있습니다.
● 화약에 불이 붙으면 어떤 모습이 되는지 확인할 수 있습니다.

미리보기

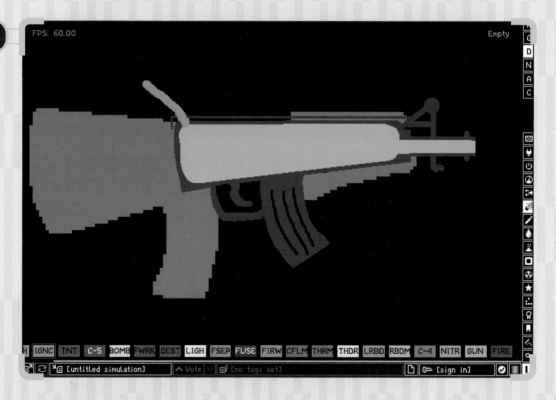

이런 기능을 활용해요

활용 물질	설명
전기()-METL(METL)	전기가 통하는 메탈이에요.
벽(▦)-Basic wall(▬)	아무 기능이 없는 벽이에요.
폭발물(🧨)-GUN(GUN)	불이 붙으면 폭발하는 화약이에요.
폭발물(🧨)-IGNC(IGNC)	불이 붙으면 천천히 타들어가는 도화선이에요.
폭발물(🧨)-FIRE(FIRE)	공중에 흩어지는 폭발물(불)이에요.

화약총 그리기

01 파우더 토이 아이콘()을 더블 클릭하여 프로그램을 실행한 후 화면 오른쪽 하단의 '재생(▮▮)'을 클릭해 실험을 정지해요.

02 화약총을 그리기 위해 [Tab]을 눌러 브러시 모양을 '사각형'으로 변경한 후 브러시 크기를 크게 변경해요.

03 '전기(▣)' 탭에서 'METL(METL)'을 선택한 후 [Shift]를 누른 채 드래그하여 총의 윗 몸통 부분을 그려요.

04 [Tab]을 눌러 브러시 모양을 '원'으로 변경하고 브러시 크기를 작게 변경해요. [Shift]를 누른 채 마우스 오른쪽 버튼으로 드래그하여 총구의 모양을 만들어요.

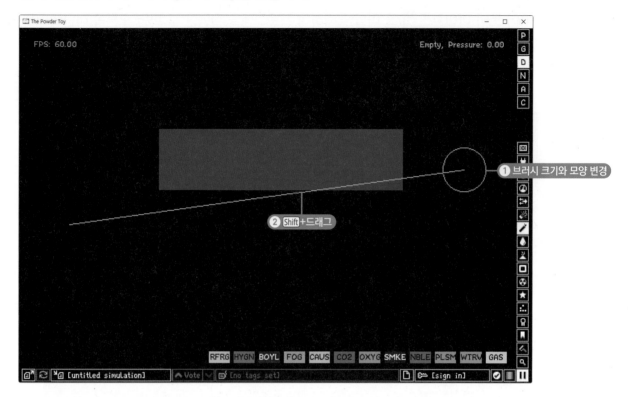

05 브러시의 모양과 크기를 변경하면서 총의 앞 부분 모습을 완성해 보세요.

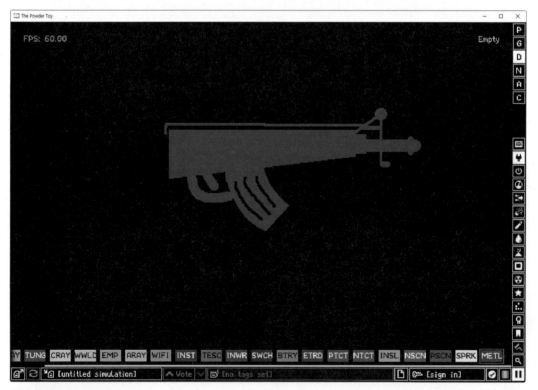

파우더 TIP 총구를 넓게 그리면 화약이 발사되는 모습을 더 자세히 볼 수 있어요.

06 '벽(▦)' 탭에서 'Basic wall(▬)'을 선택한 후 개머리판을 그려요.

파우더 TIP
· 개머리판은 사격 시 사수의 어깨에 위치하여 총알이 발사될 때 폭발의 반동을 잡아줘요.
· 'Basic wall(▬)'을 지울 때는 'Erases walls(▨)'를 사용해요.

07 'Basic wall(▬)'로 손잡이를 그린 후 총을 꾸며 봐요.

08 마우스 오른쪽 버튼을 누른 채 드래그하여 화약을 채울 공간을 만들어요.

09 '폭발물(🔲)' 탭에서 'GUN(GUN)'을 선택한 후 화약총에 화약을 채워요.

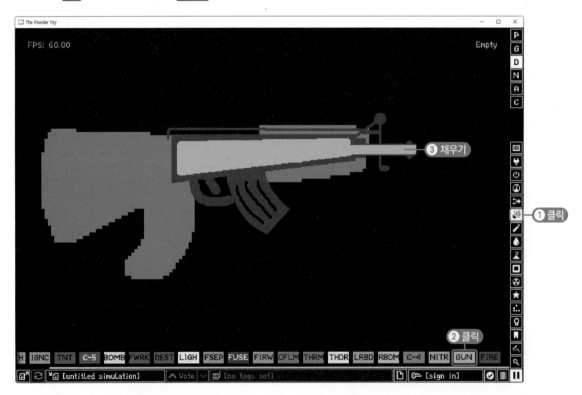

10 마우스 오른쪽 버튼을 누른 채 드래그하여 화약에 도화선이 연결될 공간을 만들어요.

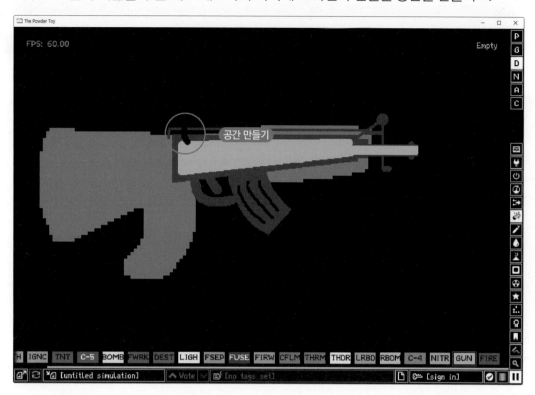

11 '폭발물(🔲)' 탭에서 'IGNC(IGNC)'를 선택하고 화약을 터트릴 도화선을 그려요.

12 '고체(🔲)' 탭에서 'WOOD(WOOD)'를 선택한 후 총구 앞에 나무 막대기 하나를 그려요.

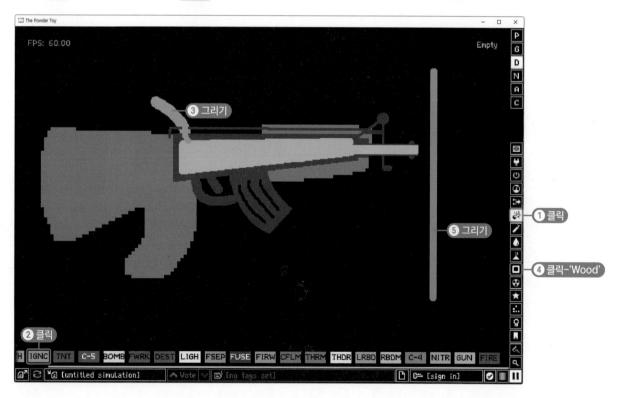

01 실험 준비가 끝나면 실행 화면 오른쪽 하단에 '정지(**Ⅱ**)'를 클릭해 실험을 실행한 후 '폭발물(⬛)' 탭
에서 'FIRE(FIRE)'를 선택해 도화선에 불을 붙여요.

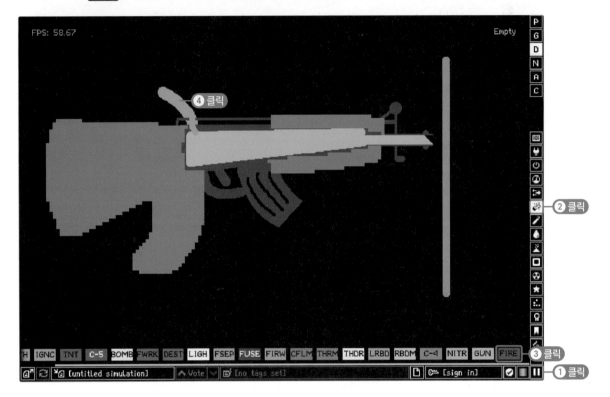

02 화약에 불이 붙으면 어떻게 되나요? 실험을 통해 알게 된 사실을 친구들과 이야기해 보세요.

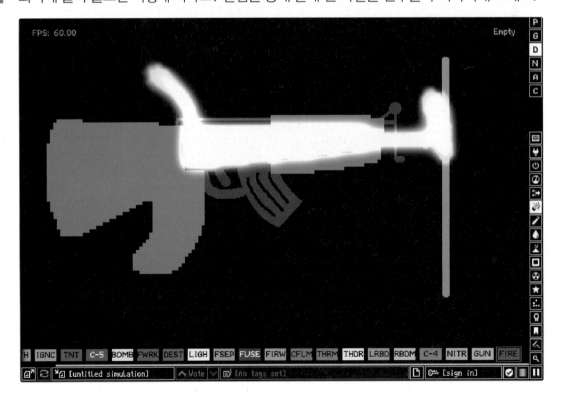

혼자서 미션 해결하기

01 파우더 토이(⬜) 프로그램을 실행한 후 '재생(⏸)'을 클릭해 실험을 정지해요. '고체(◼)' 탭의 'WOOD(WOOD)'로 폭탄 테두리를 만들고 '폭발물(💥)' 탭의 'GUN(GUN)'과 'IGNC(IGNC)'를 이용해 폭탄을 만들어 보세요.

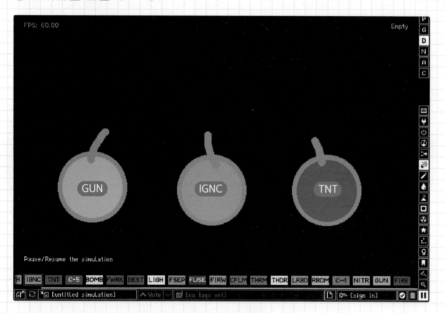

Hint 폭탄을 만들 때 '폭발물(💥)'의 'TNT(TNT)'도 사용해 보세요. TNT는 폭탄을 만드는 재료예요.

02 '정지(⏸)'를 눌러 실험을 실행한 후 '폭발물(💥)' 탭의 'FIRE(FIRE)'로 도화선에 불을 붙여 폭탄이 위험한지 확인해 보세요.

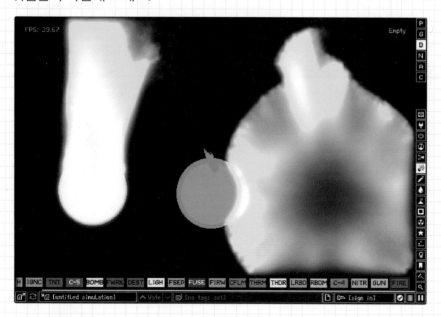

03 'TNT(TNT)'와 'GUN(GUN)'의 폭발 모습이 어떻게 다른지 친구와 이야기해 보세요.

23장 수소폭탄과 원자폭탄 중 더 위력이 강한 폭탄은?

원자폭탄은 원자핵이 분열되면서 큰 폭발을 만들어내고 수소폭탄은 핵융합으로 에너지를 만들어내기 때문에 수소폭탄이 원자폭탄보다 몇 배는 더 강력해요. 진짜 수소폭탄이 원자폭탄보다 위력이 더 강력한지 실험을 통해 알아봐요.

학습목표

- 다른 사용자가 업로드한 파일을 가져올 수 있습니다.
- 원자폭탄과 수소폭탄의 위력을 따로 테스트해 볼 수 있습니다.
- 원자폭탄과 수소폭탄의 폭발 모습을 관찰할 수 있습니다.

미리보기

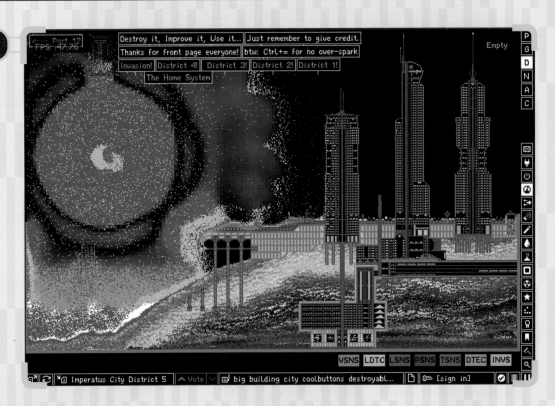

이런 기능을 활용해요

활용 물질	설명
고체(▣)-GLAS(GLAS)	움직이지 않는 유리예요.
방사능(☢)-PLUT(PLUT)	핵분열을 일으킬 수 있는 방사성 원소예요.
방사능(☢)-NEUT(NEUT)	원자를 구성하는 입자 중 하나인 중성자예요.
방사능(☢)-DEUT(DEUT)	핵폭탄에 사용되는 중수소예요.

도시 파일 불러오기

01 파우더 토이 아이콘( )을 더블 클릭하여 프로그램을 실행한 후 화면 오른쪽 하단의 '재생( )'을 클릭해 실험을 정지해요.

02 다른 사용자가 제작한 파일을 가져오기 위해 'Find & Open( )'을 클릭해요.

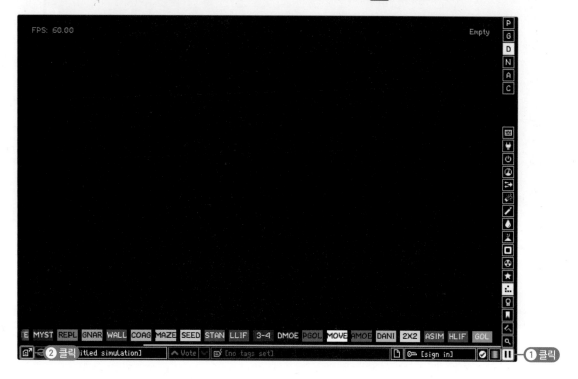

03 검색 창에서 "City"를 입력해 검색한 후 마음에 드는 도시를 클릭해요. 설명 창이 열리면 [Open]을 클릭해 파일을 불러와요.

원자폭탄 만들기

01 폭탄을 그리기 위해 마우스 휠을 밀어 브러시 크기를 변경해요. '고체(■)' 탭에서 'GLAS(GLAS)'를 선택한 후 공중에 원자폭탄 틀을 만들어요.

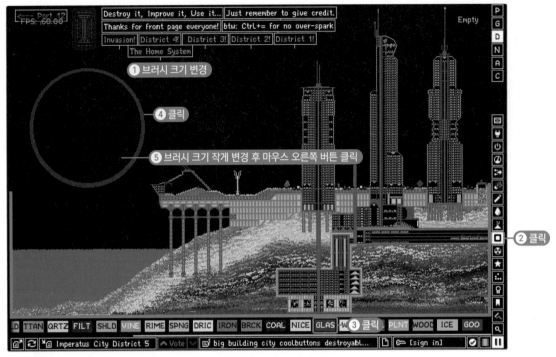

파우더 TIP 원자폭탄 틀을 타거나 깨지는 물질로 하면 폭발하는 모습을 빨리 볼 수 있어요.

02 '방사능(☢)' 탭에서 'PLUT(PLUT)'를 선택한 후 원자폭탄 틀 안쪽에서 Ctrl+Shift를 누른 채 마우스 왼쪽 버튼을 클릭해 플루토늄(핵분열을 일으킬 수 있는 방사성 원소)을 가득 채워요.

O3 핵분열을 일으킬 수 있는 방사성 원소인 'PLUT(PLUT)'이 분열이 일어날 수 있도록 'NEUT(NEUT)' 를 설치하기 위해 마우스 오른쪽 버튼을 클릭하여 빈 공간을 만들어요.

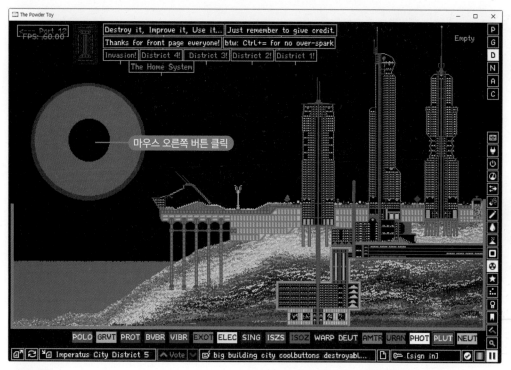

파우더 TIP 중성자는 원자핵의 안정성을 높이는데 사용하지만 핵분열 입자와 만나면 폭발해요.

O4 '방사능(☢)' 탭에서 'NEUT(NEUT)'를 선택한 후 Ctrl+Shift를 누른 채 빈 공간을 클릭하여 'NEUT(NEUT)'를 가득채워요.

05 실험 준비가 끝나면 화면 오른쪽 하단의 '정지(❚❚)'를 클릭해 실험을 시작한 후 원자폭탄의 위력을 확인하고 친구들과 이야기해 보세요.

3 수소폭탄 만들기

01 수소폭탄의 위력도 확인하기 위해 화면 오른쪽 하단의 '재생(❚❚)'을 클릭해 실험을 정지해요. 화면 왼쪽 하단의 'Find & Open(🔲)'을 클릭하고 'City'를 검색한 후 도시 파일을 불러와요.

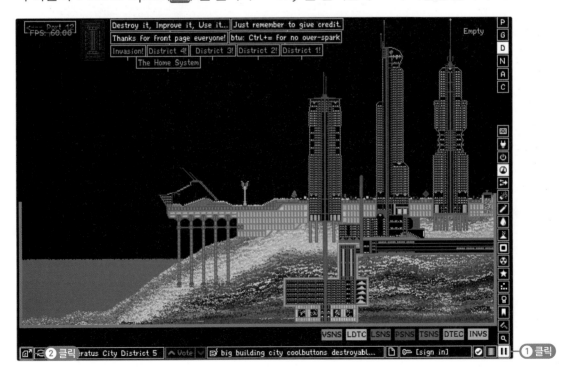

02 원자폭탄과 같은 방법으로 '고체(■)' 탭에서 'GLAS(GLAS)'를 선택한 후 공중에 수소폭탄 틀을 만들어요. '방사능(☢)' 탭에서 'DEUT(DEUT)'를 선택한 후 Ctrl + Shift 를 누른 채 클릭하여 중수소를 틀에 가득 채워요.

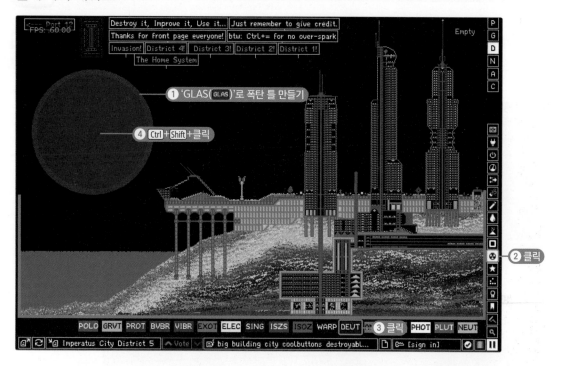

03 'DEUT(DEUT)'가 핵융합 반응이 일어나도록 'NEUT(NEUT)'를 'DEUT(DEUT)' 중간에 가득 채워요.

04 실험 준비가 끝나면 화면 오른쪽 하단의 '정지(❚❚)'를 클릭해 실험을 실행한 후 원자폭탄과 수소폭탄 중 어떤 폭탄의 위력이 더 강력한지 친구들과 이야기해 보세요.

혼자서 미션 해결하기

01 파우더 토이(　) 프로그램을 실행한 후 '재생(❚❚)'을 클릭해 실험을 정지해요. '고체(▣)' 탭의 'GLAS(GLAS)'로 원자폭탄 틀을 2개 만들고 '방사능(☢)' 탭의 'PLUT(PLUT)'를 가득 채워 보세요.

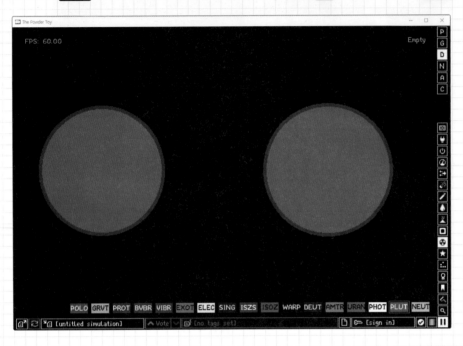

02 '방사능(☢)' 탭의 'NEUT(NEUT)'를 두 원자폭탄 틀에 다른 양으로 채운 후 '정지(❚❚)'를 클릭해 실험을 시작해요. 둘 중 누가 더 위력이 강한지 확인해 보세요.

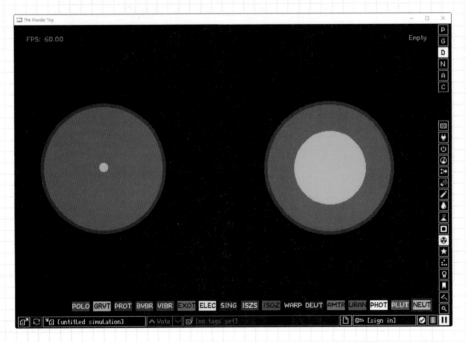

03 중성자의 양에 따라 폭발 위력이 달랐는지 친구와 이야기해 보세요.

24장 스틱맨으로 게임 만들기

스틱맨은 파우더 토이에서 게임을 진행할 수 있는 귀여운 친구예요. 스틱맨을 방향키로 조종하면서 이동하다 다른 물질에 닿으면 닿은 물질을 아래쪽 방향키로 뿌릴 수 있어요. 하지만 오랫동안 위험한 물질에 닿으면 삭제돼요. 위험한 물질을 함정에 설치하고 각 물질이 스틱맨에게 위험한지 게임을 통해 알아봐요.

학습목표

● 벽으로 게임 맵을 만들 수 있습니다.
◐ 함정을 만들어 다른 물질을 채워 넣을 수 있습니다.
● 스틱맨을 추가하여 각 물질의 위험성을 알아볼 수 있습니다.

미리보기

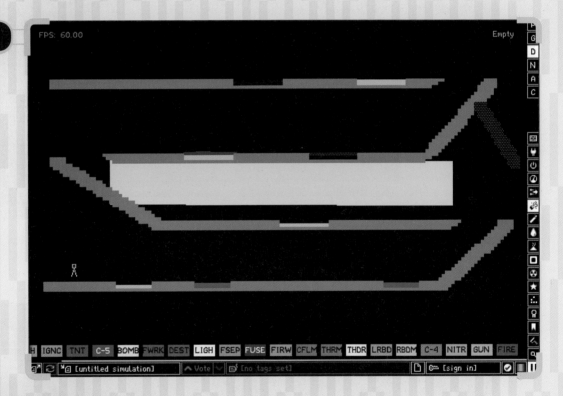

이런 기능을 활용해요

활용 물질	설명	활용 물질	설명
벽(圖)-Basic wall(▭)	아무 기능이 없는 벽이에요.	전기(⚡)-METL(METL)	전기가 통하는 메탈이에요.
벽(圖)-Erases walls(▨)	벽을 지울 때 사용해요.	기체(🖋)-GAS(GAS)	공중에 떠 있는 폭발 물질 가스예요.
액체(🔥)-LAVA(LAVA)	뜨거운 용암이에요.	벽(圖)-Fan(▨)	바람을 일으키는 송풍기예요.
액체(💧)-SLTW(SLTW)	중력에 영향을 받는 소금물이에요.	벽(圖)-Absorbs Particles(▨)	모든 물질을 흡수하는 흡수기예요.

게임 맵 만들기

01 파우더 토이 아이콘(   )을 더블 클릭하여 프로그램을 실행한 후 화면 오른쪽 하단의 '재생(❙❙)'을 클릭해 실험을 정지해요.

02 [Tab]을 눌러 브러시 모양을 '사각형'으로 변경하고 마우스 휠을 당겨 브러시 크기를 작게 조절해요.

03 '벽(▦)' 탭에서 'Basic wall(▭)'를 선택한 후 게임 맵을 만들어요.

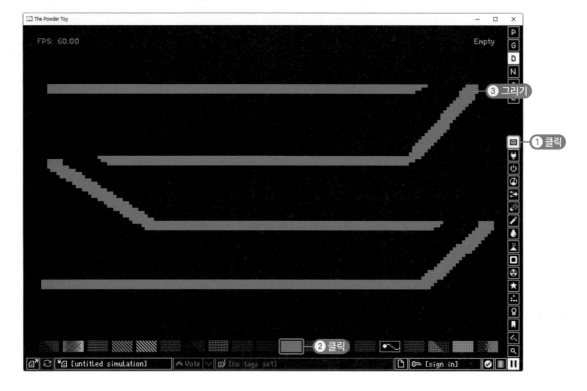

04 '벽(▦)' 탭에서 'Erases walls(▨)'를 선택한 후 설치된 벽을 클릭하여 맵에 함정을 설치할 공간을 만들어요.

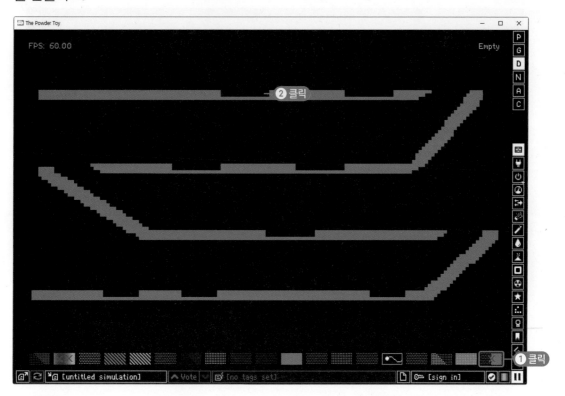

05 '액체(◑)' 탭에서 'LAVA(LAVA)'를 선택한 후 함정에 용암을 채워요.

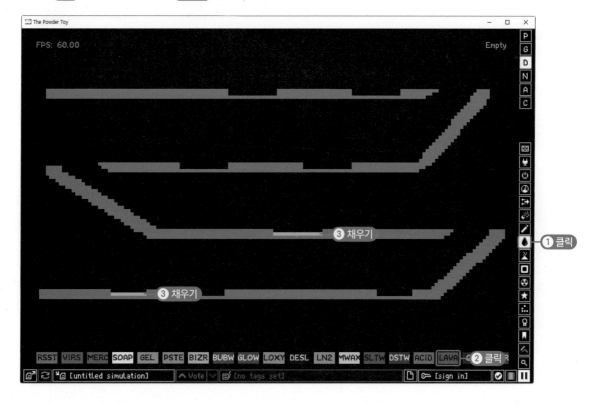

06 '액체()' 탭에서 'SLTW(SLTW)'를 선택한 후 함정에 소금물을 채워요.

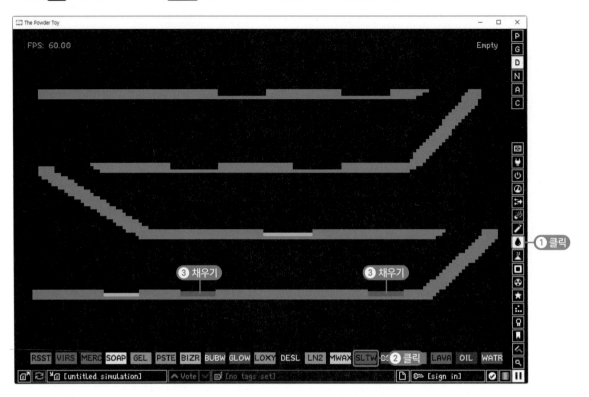

07 '액체()' 탭의 'LAVA(LAVA)'를 선택해 함정에 채우고 '전기()' 탭의 'METL(METL)'을 선택한 후 'LAVA(LAVA)' 위쪽에 추가해 뜨거워진 메탈판을 만들어요.

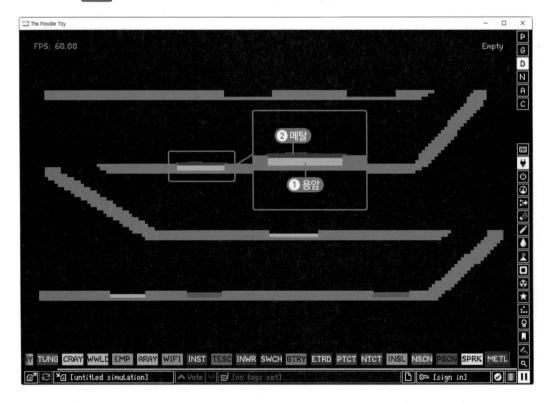

08 '기체(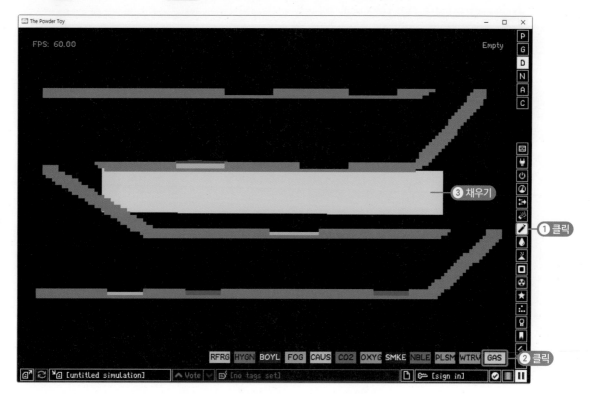)' 탭에서 'GAS(GAS)'를 선택한 후 한 층에 가스를 채워요.

09 층에 퍼진 가스를 환기시키기 위해 '벽(▦)' 탭에서 'Fan(▨▨)'을 선택한 후 송풍기를 설치해요.

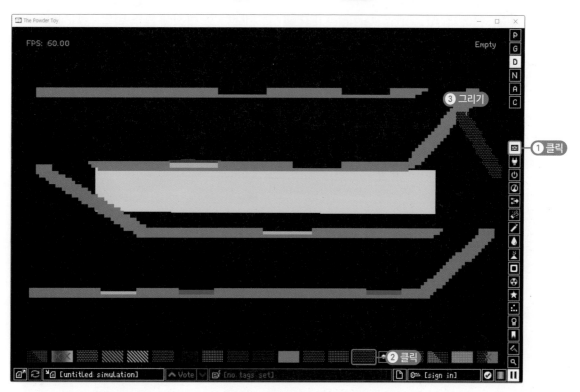

10 환기 방향을 설정하기 위해 Shift 를 누른 채 마우스 오른쪽 버튼을 누른 채 드래그해요.

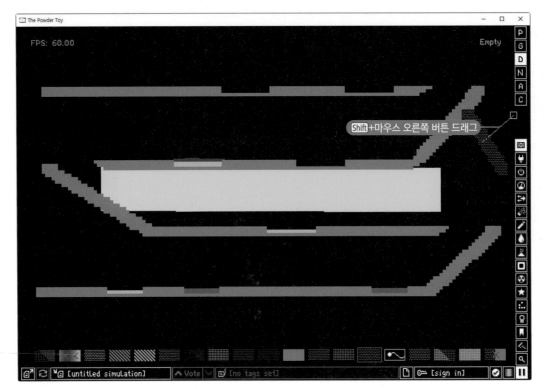

> **파우더 TIP** 마우스 오른쪽 버튼으로 드래그할 때 나타나는 선이 길수록 바람의 강도가 강해져요.

11 '벽(▦)' 탭에서 'Absorbs Particles(▦)'를 선택한 후 함정에 흡수 벽을 설치해요.

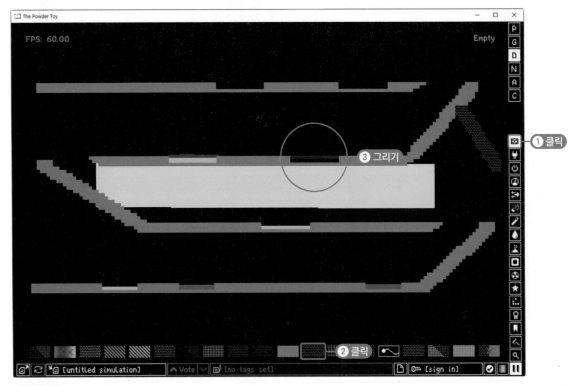

> **파우더 TIP** 흡수벽은 흡수벽 공간에 들어간 모든 입자를 흡수해요.

2 게임 진행하기

01 나머지 함정에도 추가하고 싶은 물질을 채워 넣고 '특수(★)' 탭에서 'STKM(STKM)'를 선택한 후 아래쪽 길을 클릭하여 스틱맨을 설치해요.

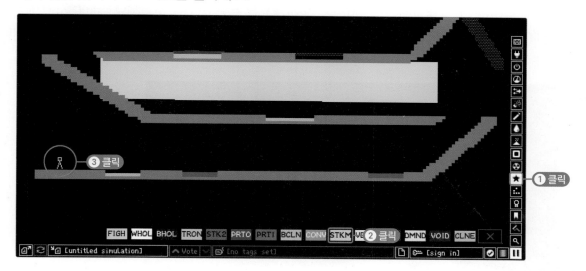

02 실험 준비가 끝나면 화면 오른쪽 하단의 '정지(II)'를 클릭하여 실험을 실행한 후 키보드 방향키로 스틱맨을 움직이면서 위쪽으로 이동해 보세요.

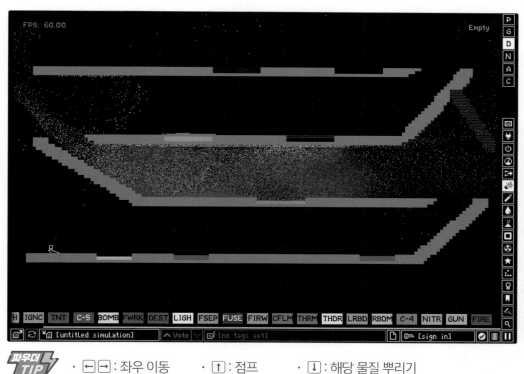

파우더 TIP · ←→ : 좌우 이동   · ↑ : 점프   · ↓ : 해당 물질 뿌리기

03 스틱맨이 함정에 설치된 물질에 어떻게 반응하는지 실험을 통해 알게 된 사실을 친구들과 이야기해 보세요.

혼자서 미션 해결하기

01 파우더 토이(▢) 프로그램을 실행한 후 '재생(▮▮)'을 눌러 실험을 정지해요. '벽(▦)' 탭에서 'Basic wall(▬)'을 선택한 후 다음과 같은 맵을 만든 후 '방사능(☢)' 탭의 'NEUT(NEUT)'를 선택해 공간에 채워주세요.

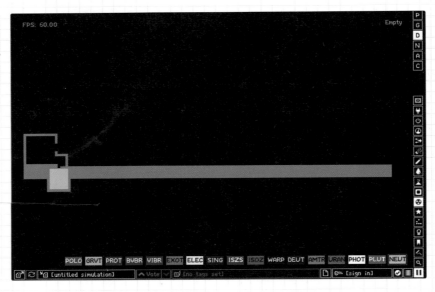

02 맵 위에 '폭발물(✸)' 탭의 'FWRK(FWRK)'를 뿌리고 '특수(★)' 탭에서 'STKM(STKM)'을 추가해요. '정지(▮▮)'를 클릭해 실험을 실행한 후 스틱맨을 중성자로 바꾸고 ↓를 눌러 옛날 폭죽에 중성자를 뿌려 보세요.

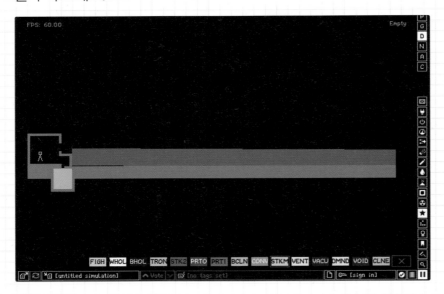

> **Hint** │ 스틱맨은 다른 물질로 계속 변하므로 ↓를 계속 눌러 'NEUT(NEUT)'를 뿌려주세요.

03 옛날 폭죽에 중성자가 만나면 어떻게 되는지 친구와 이야기해 보세요.